für *Noa* und Doreen

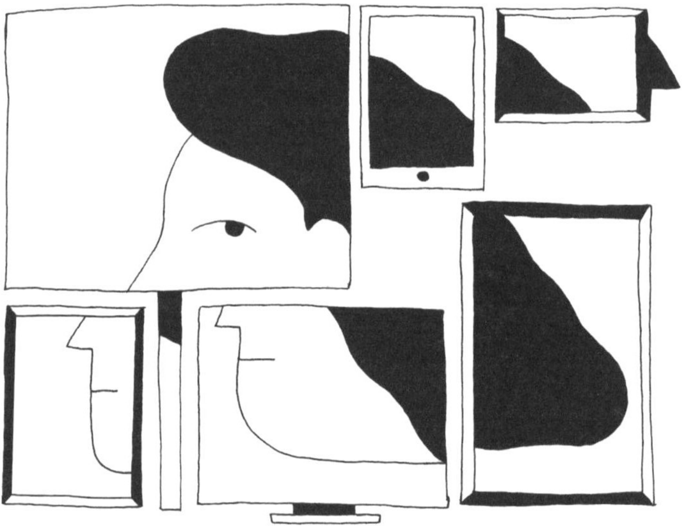

Mein Leben glich [...] einem großen Journal, wo die obere Abteilung die Gegenwart, den Tag mit seinen Tagesberichten und Tagesdebatten, enthielt, während in der unteren Abteilung die poetische Vergangenheit in fortlaufenden Nachtträumen wie eine Reihenfolge von Romanfeuilletons sich phantastisch kundgab.

**Heinrich Heine, „Memoiren"**

# Unterwegs durch Erfurt

Vor einigen Jahren verbrachte eine Freundin aus Erfurt samt Familie ihren Urlaub in meiner Wohnung in Montreal, während ich in Deutschland war. Dabei hat sie unheimlich viel fotografiert: Ecken, Möbel, Elektrogeräte, Hund und Waschbären. Daraus sind Fotoalben entstanden. In diesem wahrlich monumentalen Werk mit mehreren Bänden hat sie Details dokumentiert, die ich schon gesehen, aber noch nicht richtig bemerkt hatte, und heute nicht mehr übersehen kann.

Wenn manche im fotografischen Eifer meiner Freundin eine übertriebene Gewohnheit sehen könnten, würden andere – wie eine Bekannte von mir, Professorin für Geschichte – ein bisschen umständlich von „herméneutique croisée" sprechen: Der Vergleich ermöglichte meiner Freundin, Details hervorzuheben und sie in ein neues Licht zu setzen. So fungierte sie auf eine Art als Detektivin des Alltags. Meine Freundin teilt viele Gemeinsamkeiten mit bestimmten Soziolog*innen: Auch sie interessieren sich mehr für Details, die sie als Indizien wahrnehmen, als für Statistiken oder Umfragen.

Einer dieser geistvollen Beobachter mit soziologischem Blick war der Journalist und Filmkritiker Siegfried Kracauer (1889–1966), ohne die Lektüre seiner Schriften wäre dieses Buch so nicht entstanden.

⁂

Im Spätfrühling 1929 begab sich Siegfried Kracauer von Frankfurt nach Berlin. Dort verbrachte er zehn Wochen. Er wurde beurlaubt, um die Kultur der Angestellten in der Großstadt zu untersuchen. Wie ein europäischer Ethnologe begleitete er Vertreter der neuen Mitte der Gesellschaft; er redete mit ihnen, hörte ihnen zu. Ausgehend von diesen Gesprächen, Alltagsbeobachtungen und der Materialität ihrer Welt beschrieb er das Leben in den Büros, Warenhäusern und Banken, aber auch das Leben nach der Arbeit: in Cafés, Kinos, Ausflugsorten. Seine Ergebnisse verbreitete er Woche für Woche, zuerst als Feuilletons in den Seiten der *Frankfurter Zeitung*, dann 1930 in einem Buch.*

In *Die Angestellten* bestimmte Kracauer seine Protagonisten nicht anhand sozio-professioneller Kategorien oder über Klassenzugehörigkeit, sondern vielmehr über die sie einende existenzielle Sorge nach dem Ersten Weltkrieg: ihre Aufstiegsambitionen, gepaart mit der Angst vor dem Abstieg zum Proletariat, das sie verachteten.

* Siehe Kracauer (2006 [1930/1929]).

Heute noch rufen diese Texte begeisterte Reaktionen hervor. Die Leser mögen Kracauers Stil, seine scharfsinnigen Beobachtungen und seine spitzen Bemerkungen. „Wie hat er das damals schon schreiben können?“, fragen sie sich und spüren den Drang, sich darüber auszutauschen. Die von Kracauer beschriebenen Prozesse ökonomischer Rationalisierung sind in der Tat bis heute in vieler Hinsicht aktuell geblieben. Bei manchen Entwicklungen sind die Angestellten jedoch nicht „abgesunken oder proletarisiert (...), sondern der umgekehrte Vorgang ist eingetreten, nämlich die Lohnabhängigen insgesamt haben sich in der gesellschaftlichen Mitte getroffen.“*

* Siehe König (1961) S. 88–89.

⁂

Auf den Spuren Kracauers unternahm ich – formell 2015, aber eigentlich schon Ende 2013 – eine Ethnografie der Mitte in Erfurt, eine mittelgroße Stadt im Zentrum Deutschlands und die Landeshauptstadt Thüringens. Die 214 000 Einwohner-Stadt war mir nicht unbekannt. 2001 hatten wir, die ersten Student*innen der neu gegründeten Universität, unsere Promotion dort abgeschlossen. In der Zwischenzeit lebte ich in Montreal, wo ich als Soziologieprofessorin arbeitete. Mehrmals war ich zwischendurch zu Besuch in Erfurt, oft mit Notizbuch und Fotoapparat. So wurde ich Zeugin der Veränderungen, die mir vielleicht entgangen wären, hätte ich durchgängig dort gelebt. Die letzten Lücken der damals schon sanierten Altstadt wurden bebaut. Das Auge war nicht das einzige Sinnesorgan, das Änderungen vernahm: Der sich wandelnde Dialekt, das Rattern und Klingeln der alten Straßenbahnen, die wie der Geruch der Braunkohle verschwunden waren. Auch die Menschen, ihre Interessen und Sorgen hatten sich geändert.

Das Alltägliche beobachtend, erforsche ich in diesem Buch Veränderungen seit der „Wende". Mittels Gesprächen und Beobachtungen vor Ort untersuchte ich zunächst Lebensführung, Haltung und Sinnfragen einer Gruppe von Menschen: Vertreter*innen einer Schicht – zum Beispiel Angestellte, Beamt*innen, Pädagog*innen –, die sich heute als Mittelklasse definieren und sich im Wesentlichen mit Familie und Beruf, Sport oder Kunst beschäftigen.* Das erste Mal begegnete ich ihnen, als ihre Kinder kurz davorstanden, die Schule zu wechseln. Die Wahl der Schule – ob Regelschule oder Gymnasium – war damals ein großes Thema für die Eltern. Einige Jahre später ist nun die Rede von der Universitätsausbildung der heranwachsenden Kinder.

* Die ersten Teilnehmer*innen der Studie waren Eltern von Kindern einer Erfurter Kindergartengruppe. Anhand eines Gruppenbildes von 2006 wurden die Eltern ausgewählt und für die Untersuchung von einer Kollegin und mir angeschrieben. Einige waren bereit, mitzumachen.

⁂

Ähnlich wie in den Feuilletons von Kracauer geht es mir weniger um die in der Soziologie übliche sozioökonomischen Formulierungen und Definitionen, sondern mehr um eine Tendenz: eine innere Notwendigkeit zum Maß und zur Mitte.

Einige Indizien sprachen dafür: Als ich über Alkoholkonsum und *Temperantia* in Erfurt schrieb, kommentierte ein Professor nach der Lektüre des von mir verfassten Artikels, dass *Temperantia* eine Chiffre der Moderne sei. „Sie schreiben oft über Alkohol", deutete mir gegenüber mal ein Gymnasiallehrer aus Jena etwas vorwurfsvoll an.

Die Mitte, so stellte es sich heraus, ist nüchtern, untätowiert, unparfümiert, gemäßigt und trägt gerne karierte Hemden. Sie bezeichnet sich selbst als „bodenständig", ein in fremden Sprachen unübersetzbares Wort, das mir lange nicht wirklich vertraut war. Als ich mir Aufnahmen von Interviews anhörte, wurde das Wort stets benutzt, wie ein Grundbegriff, der einen Ethos des Maßhaltens ausdrückte. Diese Haltung – nicht zu viel, nicht zu wenig – prägte den Diskurs, aber auch das Verhalten und den Geschmack (in Sachen Schönheit, Essen und Trinken, Beziehungen). Auch das Träumen. In Ansprachen bei einer Jugendweihe stellten sich junge Menschen ihr Leben in 50 Jahren vor: In Erfurt wollten sie leben und mit ihren Enkelkindern spielen. Die beobachtete Tendenz zur Mitte ging einher mit einer Verbindung zur Stadt, die auch dem Anbieter der Zeremonie nicht fremd war.

⁂

In der Tradition des Feuilletons der 1920er und frühen 1930er Jahre und insbesondere in den in Zeitungen veröffentlichten Texten Siegfried Kracauers fand ich Inspiration und einen Weg, Soziologie, Reportage und Literatur zu verbinden. Zusammen bilden die entstandenen Texte, die oft durch ein Detail, eine Person, ein Ereignis oder ein Artefakt thematisch verbunden sind, für den Leser ein Mosaik, das wie ein Fotoalbum die Stadt und ihre Bewohner ein wenig näherbringt.

Siegfried Kracauer als Modell zu betrachten, bedeutet nicht nur den Rückgriff auf bestimmte Herangehensweisen und Methoden, er findet auch Eingang bei der Wahl der Form und des Mediums meiner Studie. Statt in der üblichen Sprache und den Kanälen der Wissenschaft wurde ein Teil der Ergebnisse dieser Arbeit in einer regionalen Zeitung, in einem Magazin und auf einem Blog, den ich als Stadtschreiberin im westukrainischen Lemberg schrieb, veröffentlicht.*

* Ein Teil des Materials wurde auch in wissenschaftlichen Aufsätzen verarbeitet (Thériault 2019; 2017).

⁂

Während Verpflichtungen, soziale Erwartungen und Themen wie Feiern, Kindererziehung, Urlaub, Liebe, Genderverhältnisse sowie ästhetische und existenzielle Fragen Gegenstand der ersten Texte sind, rücken bei den folgenden Texten Gegenstände wie Modeaccessoires und andere Details – zum Beispiel karierte Hemden, Fotoalben, Tattoos, Haarschnitte und das Trinkverhalten – ins Zentrum der Beobachtenden.

Weil Lebensführung, Haltung und Sinnfragen der Mitte oft so gegenwärtig und selbstverständlich sind, werden sie nicht selten übersehen – von der Mitte sieht man bekanntlich die anderen, sich selbst eher weniger. Neben dem Treffen mit der festen Gruppe von Menschen führten meine späteren Recherchen an den Rand, von dem aus sich die Mitte manchmal besser betrachten lässt: Orte wie Bars, Seen und Saunas, wo diese Gruppe sonst nicht zu verkehren pflegt. Mit der Zeit entwickelte sich die Stadt – samt dieser Orte – zu einer weiteren Akteurin dieses Buches.

„Sie dürfen Gotha nicht mit Erfurt vergleichen!", „In Weimar ist es ganz anders!", „Erfurt ist nicht Dresden!", „Erfurt ist ein Dorf!", stets wurde ich mit solchen Aussagen konfrontiert. Ich selbst kommentierte einmal: „Erfurt ist nicht Chemnitz", als Kolleg*innen in Prag ein Bild von der sächsischen Stadt benutzten, um meinen Vortrag über Erfurt anzukündigen. Wochenendtouristen aus dem Rheinland äußerten ihre Überraschung beim Spazierengehen durch die Altstadt Erfurts: „Wir sind spontan hierhergefahren. Schön ist es! Fast wie in Paris. Wenn man vom Osten hört ..." Um den Charakter Erfurts herauszubilden, habe ich den Ort mit anderen Städten in Thüringen – oft mit Blick auf Lemberg und Montreal – verglichen.

⁂

Aber natürlich gab es nicht nur Kracauer an meiner Seite. Mit vielen Menschen war ich unterwegs. Ich möchte mich an dieser Stelle bei ihnen bedanken. Mein erster Dank geht an Noa Beschorner, die es so regelmäßig schafft, in ihren Videos unheimlich kreativ zu sein, und mir viel beigebracht hat.

Danken möchte ich Thomas Schmidt-Lux für die langjährige Zusammenarbeit mit den Studierenden in Montreal und Leipzig und für die Seminare über das Feuilleton und das soziologische Schreiben. Anna Xymena Tissot bin ich verbunden für das Redigieren und Kommentieren aller Texte. Anna Kurpiel, eine vor Ideen sprudelnde Kollegin, mit der ich den Blick auf Polen gerichtet habe, und Brigitte Schröder, meine treueste Leserin, möchte ich ebenfalls einen Dank aussprechen. Mit seiner stetigen Unterstützung und Begeisterung war Johannes M. Fischer, der frühere Chefredakteur der *Thüringer Allgemeinen*, eine wichtige Hilfe. Und ich danke den vielen Ko-Detektiven, die mit mir unterwegs waren, vor allem der Freundin, die mich am Anfang so sehr unterstützt hat. Dankbar bin ich meinen Freund*innen in Erfurt: Laurent und seinen Mitarbeiter*innen, Ulrike und ihren Mitbewohner*innen, Petrov und seinen Kolleginnen. Eberhard Tiefensee und Andreas Anter waren an der Universität Erfurt gute Gesprächspartner. Thomas Beschorner war über die Jahre ein wichtiger Gesprächspartner und konstruktiver

Kritiker. Ich bedanke mich beim Deutschen Kulturforum östliches Europa e. V. – ganz besonderes bei Klaus Harer –, beim Lviv City of Literature, die das Lemberger Abenteuer und die Gelegenheit, den Osten vom Osten her zu betrachten, ermöglicht haben, und beim Max-Weber-Kolleg der Universität Erfurt, wo das Buch letztlich Gestalt annahm.

Nun hoffe ich, dass sich die Leser*innen dieser kurzen Feuilletons – die sie in der Straßenbahn, im Garten oder in der Badewanne lesen können – anregen lassen, etwas Neues zu sehen. Dass sie sich zum Nachdenken verleiten lassen. Dass vielleicht der Wunsch erwacht, ihre Geschichten zu erzählen und ins Gespräch zu kommen.

Manchmal ist der Alltag
exotischer als ferne Länder

# Expedition durch die Mitte

# Der Geheimbund der Ehe

„Bist du verheiratet?“

„Nein, aber ich könnte mir vorstellen, dass wir mal heiraten. Nur wir zwei, ohne die Kinder. Ich würde es erst sechs Monate später bekannt geben“, das sagte mir unlängst Jenny, eine Erfurterin Anfang vierzig.

⁂

Das Erfurter Standesamt meldet, dass mehr Ehen als früher geschlossen werden, über 1000 jährlich, war in der *Thüringer Allgemeinen* am 9. September 2019 zu lesen.* Viele von diesen standesamtlichen Hochzeiten erinnern an kirchliche, mit weißen Kleidern, Gästen und Konfetti. Wenn ich durch die Stadt spaziere, stehe ich oft vor Fotoateliers und schaue mir Hochzeitsbilder an (dort hängen auch sexy Fotos, aber das ist ein Thema für sich). Im Zeitungsgeschäft am Bahnhof blättere ich manchmal durch die Magazine für Braut und Bräutigam. Auf satiniertem Papier wird Pracht, Romanze, Magie versprochen, alles für die Ausrichtung eines unvergesslichen und unvergessenen Tages.

* „Heiraten liegt im Trend“, *Thüringer Allgemeine*, 9. September 2019.

Das Phänomen, das Jenny anspricht, steht in keiner Statistik; man kann es auch nicht im Schaufenster oder den Hochglanzmagazinen sehen. Es ist unsichtbar: Es soll auch so sein, denn es geht um ein einen Geheimbund, oft ohne Ringe, Kleid oder Trauzeugen, jedoch nicht ohne Magie.

Dass es unsichtbar ist, soll nicht heißen, dass es das nicht gibt. Jedes Mal, wenn ich das Thema anspreche, kommt ein „Schau, wir haben auch so …“, „Genau wie bei …“ Jenny hat es nicht – oder noch nicht – gemacht, aber Marlene, Myriam, Judith und Anja schon. Frauennamen, ja. Das sind Frauen, die darüber reden. Das hat einen praktischen Grund: Wenn ich Männer um ein Gespräch bitte, bringen sie oft ihre Frauen mit und fügen zu ihren späteren Grüßen „auch im Namen meiner Frau“ hinzu. Redakteure von Hochzeitsmagazinen scheinen das gleiche Problem zu haben, denn über die Bräutigame wird kaum berichtet. Sich mit Männern darüber zu unterhalten, wäre sicher ebenso erhellend.

⁂

Das Geheime erzeugt Faszination: Es macht die Mitglieder des Bundes einzigartig, besonders, individuell und verbindet sie zugleich gegen die Umwelt, gegen die, die nichts davon wissen und es nicht merken. So berichten Frauen, sie fühlten sich durch den Geheimbund ihrem Partner nah. Mit einem verschmitzten Lächeln erzählen sie, wie abenteuerlich die Eheschließung war. So fürchteten sie, ertappt zu werden, wenn sie das Standesamtes verließen – in Erfurt kann es durchaus passieren; wie damals als sie versuchten, sich mit ihrem Freund in ihr Zimmer im Elternhaus zu schleichen.

Weil die Regeln dieser Art der Trauung ungeschrieben sind, heißt es lange nicht, dass es kein wiederkehrendes Muster gibt. Es soll unkompliziert sein: in Jeans oder im einfachen Kleid; in Erfurt oder woanders, zum Beispiel während eines Urlaubs an der Ostsee oder im Thüringer Wald; mit oder ohne Kinder, aber definitiv ohne Eltern, Bekannte und Freunde. Typisch ist die betonte Leichtigkeit des Aktes: Es soll „ganz spontan“ sein, „ohne große Vorbereitung“, „schnell“ gehen.

Die Betonung der Leichtigkeit macht mich stutzig: Ob alles tatsächlich so spontan ist? Und so einfach? Der Geheimbund scheint ein empfindliches Thema zu sein.

⁂

Typisch für die neue Hochzeitsform ist auch, dass die Eltern vor vollendete Tatsachen gestellt werden, denn zum Geheimnis gehört auch seine Enthüllung. Dies geschieht in der Regel einige Monate nach der Eheschließung. Auch nach der Einweihung bleibt es ein schwieriges Thema. Die Eltern sind manchmal enttäuscht, die Freunde beleidigt; und Schuldgefühle sind bei den Vermählten nicht auszuschließen. Auch wenn Frauen Jahre später durchaus gerne von der Hochzeit erzählen, fällt doch eins auf: Unter den Bildern, die an den Wänden ihrer Wohnungen hängen, gibt es keine Hochzeitsfotos, die Besucher an den Tag erinnern könnten; um Verstimmungen zu vermeiden, sind sie im Fotoalbum versteckt.

Einige Eltern sind, laut Frauenberichten, gekränkt, wenn sie irgendwann von der Eheschließung erfahren. Diskretion ist geboten. Die Inhalte dieser vertraulichen Berichte werden hier nicht wiedergegeben. Bei einem solchen Anlass kann ich mich erinnern, nicht gekränkt, aber doch überrascht gewesen zu sein, als ich – zusammen mit Freund*innen und Bekannten – durch einen E-Mail-Verteiler benachrichtigt wurde, dass eine gute Freundin geheiratet hatte. Dies erinnert mich an ein anderes Kuriosum: Den Namen von Kindern bis zur Geburt geheim zu halten. Man will sich wohl gegen den Druck der Umgebung panzern und vor Unglück schützen.

Als ich die Frauen fragte, wieso sie heimlich geheiratet hatten, machten sie verschiedene Erklärungen geltend: Angst vor Familienstreitigkeiten und Einmischungen, Unlust, die ganze Familie samt entfernten Verwandten einladen zu müssen, Unwille zum Tanzen, Unmut über eine traditionelle Hochzeit. Der Druck der Familie, die Erwartungen der Eltern und Schwiegereltern erfüllen zu müssen, allgemein den sozialen Erwartungen gerecht zu werden, sind wohl die entscheidenden Gründe für den Geheimbund. Geld mag auch eine Rolle spielen, aber darüber sprach niemand, zumal das Thema weder magisch noch romantisch wirkt.

⁂

Der Geheimbund ist eine Form mit eigener Geselligkeit und Etikette. Sie steht den glamourösen Hochzeiten entgegen, die in den Magazinen abgebildet werden: Statt im Mittelpunkt der allgemeinen Aufmerksamkeit zu sein, spielt er sich weit vom Blick der anderen ab. Ob durch Glanz oder Nüchternheit, Magie ist im Spiel. Das Geheimnis verleiht einen Hauch Mysterium, dessen Effekte zu verschwinden drohen, sobald festgestellt wird, dass man kein Einzelfall ist. Vielleicht sind deshalb bestimmte Hochzeitsdaten – wie zum Beispiel der 11. 11. 11 oder der 07. 07. 17 – bei Standesämtern so begehrt. Bei aller Hoffnung weiß man nie, wie die Hochzeit – ob zur Schau stellend oder geheim geschlossen – ausgehen wird. Am besten bringt man alle Chancen auf seine Seite.

„Und, Jenny, werdet ihr mal heiraten?"

„Wir werd… ich weiß nicht, ob ich es dir verraten sollte."

„Über die Magie der heimlichen Hochzeit",
Thüringer Allgemeine, 22. September 2017, S. 4

# Das Trinken der nüchternen Mitte

Wer Tugend sucht, sollte Mühlhausen besuchen. Sie ist dort zu Hause, an den Wänden der großen Ratsstube. Sechs gemalte Figuren aus dem 16. Jahrhundert: *justitia* (Gerechtigkeit), *fortitudo* (Tapferkeit), *spes* (Hoffnung), *caritas* (Liebe), *prudentia* (Weisheit) und *temperantia* (Mäßigung). Zusammen bilden sie ein mahnendes Gruppenporträt.

*Temperantia* wird als Mann dargestellt, der eine Schale und einen Krug trägt. Die Figur steht für die Zähmung von Trieben und lässt auf einen vorsichtigen Umgang mit Alkohol schließen. Das notierte ich mir jedenfalls, als der dortige Archivar das Bild kommentierte. Denn es passte gut zu einer von mir beobachteten Tendenz: Hierzulande wird weniger getrunken als in der Vergangenheit. Diese Beobachtung wurde gleich nach dem Besuch der Ratsstube bestätigt. Zum Mittagessen ließen sich die drei Männer, mit denen ich den Vormittag verbracht hatte, Obstsäfte bringen. Als ich mir ein Bier wünschte, machte der Kellner, der unsere Bestellung entgegennahm, ein Zeichen der Erleichterung.

Als ich eine Gruppe von Erfurtern aus der Mitte der Gesellschaft – Angestellte, Beamt*innen, Pädagog*innen zwischen 40 und 55 Jahren – fragte, was für sie „gut essen“ heißt, erwähnte niemand Alkohol. Mich wunderte es. Ich fragte also nach: „Gehört nicht der Alkohol zum einen guten Essen dazu?“ „Vielleicht ein schönes Bier oder ein Glas Wein zum Braten“, war die vorsichtige Antwort.

Die Erinnerung sagt, dass es nicht immer so war. Ein Blick in den Fotoalben der befragten Erfurter genügt, um sich zu vergewissern: Neben Zigaretten gab es früher bei Familienfesten immer viele Flaschen auf dem Tisch. Das bestätigte auch meine Schwiegermutter, in dem sie lapidar bemerkte: „Früher hat man kein Wasser getrunken.“

Ich weiß nicht genau, wann „früher“ war, aber es handelt sich bei der beobachteten Tendenz um einen beträchtlichen Wandel, der mit neuen Formen von Geselligkeit einhergeht. Die Statistik gibt weitere Auskünfte: Man konsumiert heute tatsächlich weniger hochprozentigen Schnaps und Bier, dafür mehr Whisky und vor allem Wein. Man trinkt weniger, aber besser, ohne dabei unbedingt ein Kenner zu sein oder vom eigenen Weinkeller zu träumen. Das bestätigt der französische Wirt, der in den frühen 1990ern nach Erfurt kam: Er verkauft nicht nur Weine und Produkte aus Bordeaux, auch aus der Bourgogne und anderen Regionen – allerdings keinen süßen bulgarischen Wein mehr.

⁂

Beim Alkoholkonsum scheint heute *temperantia*, Mäßigung, das Leitwort zu sein. Nicht in dem Sinne, dass Menschen gar nicht mehr trinken würden, aber der Alkohol widerspricht möglicherweise einem „Ethos" der Mäßigung. Man sollte nicht zu viel trinken, aber auch nicht ganz auf Alkohol verzichten. Die Anhänger der *temperantia* bilden eine nüchterne Mitte, die durch die Unterscheidung von zwei Typen sichtbar wird: von denjenigen, die zu viel trinken, und von denjenigen, die gar nicht trinken.

Die Vertreter des ersten Typus kennzeichnen sich durch ihre Redseligkeit und ihren Sprachgebrauch: Sie trinken euphemistisch ein „Bierchen" oder einen „Tropfen" und verkünden gerne Sprüche wie „Das Bier ist trocken, deshalb muss ich Korn trinken", „Ich unterstütze die Nordhäuser Industrie" oder das legendäre „Das ist Medizin!". Viel trinken ist weiterhin erlaubt, wirkt aber irgendwie unbürgerlich. Mögliche Ausnahmen sind Kirmes, Karneval, Junggesellenpartys und bestimmte Frauensektgesellschaften, wo man sich – in Gruppe – gehen lassen darf.

Die Vertreter des zweiten Typus, diejenigen, die keinen Alkohol trinken, müssen nichts sagen. Der Verzicht auf Alkohol drückt für sich schon viel aus. Er erweckt den Verdacht, man habe es mit einem trockenen Alkoholiker, einer kranken oder religiösen Person zu tun. Die Abstinenten werden nicht verhöhnt, müssen aber damit leben, dass sie die anderen vom Trinken abhalten und deshalb eine sozial etwas isolierte Existenz führen müssen.

Zu diesen Kategorien kommen die „falschen Trinker“ hinzu. Während Bier getrunken wird, tun sie, als ob sie mittrinken, was in Wahrheit oft Apfelsaft ist. Solche Vertreter sind mir auch schon mal begegnet, und ich fand sie unfair. Es gibt auch die „falschen Nichttrinker“, die insgeheim Alkohol und Pfefferminzdrops konsumieren, aber das ist etwas Anderes. Ihnen bringt man eher Mitleid als Ärger entgegen.

Der gemäßigte Alkoholkonsum ist Sinnbild für eine strikte Lebensführung; zugleich ist Alkohol ein mögliches Gegenmittel, eine Flucht aus eben diesem Leben. Dabei weiß ich nicht, ob die Mäßigen Meister der Balance sind oder ob sie einfach nicht mehr an Alkohol denken. Werden sie gefragt, legen sie ein Arsenal an pragmatischen Erklärungen an den Tag, die ihre ausgeglichene Lebensführung unterstützen: Sie müssen am nächsten Tag arbeiten gehen, Auto fahren, unzähligen Verpflichtungen nachkommen, kurzum: Sie haben ungeheuerlich viel zu tun und achten vielleicht auch noch auf ihre Linie.

⁂

Ein Kellner, sei es in Mühlhausen, Erfurt oder anderswo, muss nicht von Berufs wegen ein

Freund der *temperantia* sein, die Etikette seines Faches verbietet ihm aber zugleich ein Urteil über die Vorliebe seiner Kundschaft. Das gilt auch für die Soziologin, die sich eines Urteils zur beobachteten Entwicklung enthält. Wenn trinken nicht mehr unbedingt zum „gut essen" gehört und vermutlich auch nicht wie „früher" gefeiert wird, kann die Tendenz zugegebenermaßen etwas ernüchternd wirken. Dennoch gilt: Noch kann man hierzulande ein Glas Wein im Kino trinken, ein Bier in der Sauna zu sich nehmen und einen Sekt in der Bahn genießen. Wenn man aus Kanada kommt, weiß man: Sowas gibt es bei aller Mäßigung nicht überall.

„Das Trinken der nüchternen Mitte",
Thüringer Allgemeine, 8. September 2017, S. 4

# Imaginäre Tattoos

Der Sommer mag nicht so heiß sein, dennoch: Wo immer man hinblickt, überall sind Tattoos. Nicht jeder hat eins, aber wenn ich eine 55-jährige tätowierte Altenpflegerin abgebildet als Laienmodell in einem Magazin für Leserinnen mit „aktivem Familienalltag" sehe, ist es für mich der Beweis, dass sie definitiv verbreitet sind. Tattoos sind – bei wechselnden Mustern – eine dauerhafte Erscheinung.

Die Tattoos von heute haben nichts mehr mit denen von gestern zu tun; nicht mit dem Kreuz, das früher im DDR-Gefängnis zu sehen war, auch nicht mit der Rose auf der Brust, dem Arschgeweih oder dem chinesischen Piktogramm. Mitunter verblasst, wirken diese alten Tattoos nicht mehr schick; dagegen sehen die neuen noch gut aus.

Tattoos scheinen so weit verbreitet zu sein, dass diejenigen, die keins haben und keins haben wollen, nicht selten als Dissidenten gelten. Egal wie man zu dieser Körperkunst steht, eignet sie sich stets gut als Gesprächsthema. Probieren Sie es doch mal bei einem langweiligen Treffen mit Kolleg*innen oder einer öden Dinnerparty aus! Von der Oberfläche aus regen sie zum tieferen Gespräch, zum ungeahnten Nachdenken an, denn Tattoos sind jenseits ihrer Bedeutung, ihrer Symbolik individuelle Ornamente und sinnhafte Gegenstände.

Mit einer Gruppe von Personen aus der untätowierten Mitte der Gesellschaft – Angestellten, Beamt*innen, Pädagog*innen zwischen 40 und 55 Jahren, Vertretern jener Schichten also, die sich heute als Mittelklasse definieren und sich mit Familie und Beruf sowie Sport oder Kunst beschäftigen –, unterhielt ich mich zu diesem Thema und führte ein kleines Gedankenexperiment durch.

⁂

„Gelassenheit", das sagte Marlene sofort, als ich sie fragte, was sie sich als Tattoo stechen lassen würde. So ähnlich Claudia: Einen Spruch aus einem Bestseller-Roman würden sie sich tätowieren lassen: „Es ist, wie es ist, und es kommt, wie es kommt." Bei aller Hektik des aktiven Alltags, wünschen sich die zwei Frauen, sie könnten mehr gelassen sein. Mahnung und Ermutigung zugleich, wären diese Tattoos unvergessliche Denkzettel; ein Gegengewicht zu den zahlreichen sozialen Verpflichtungen und Erwartungen. „Erstmal bin ich überhaupt nicht für Tattoos", sagte Myriam, die gerade eine schwierige Phase durchmacht, „aber ‚das Leben ist schön' würde ich mir vielleicht stechen lassen."

Mahnung und Ermutigung, aber auch Wegweiser: Imaginäre Tattoos drücken aus, was man ist und wonach man strebt. Hätte Frank ein Tattoo, dann mit der Inschrift: „Zuversicht, Leidenschaft, Vertrauen, Selbstbewusstsein", und für Christian wäre es: „Bescheidenheit, Zufriedenheit, Gesundheit".

Sich selbst etwas vergegenwärtigen, sich auf etwas besinnen, eine Diagnose aufstellen und eine Kritik ausüben (heute ist die Gesellschaft so und so, ich bin oder möchte so und so sein): Sie sehen, das Thema Tattoo empfiehlt sich sowohl bei Arbeitstreffen oder Partys, als auch bei Anlässen wie Jugendweihe-Ansprachen oder Vorträgen in katholischen Akademien.

Unterhielt ich mich mit Leuten, die doch ein Tattoo haben, bemerkte ich den Versuch mit Inschriften wie: „All that you have is your soul", „All you need is love" oder schlicht „Love", das Wesentliche ihres Lebens so auf den Punkt bringen zu wollen.

⁂

Wer durch Erfurt spaziert und mal den Kopf hebt, wird auch Inschriften erblicken. Ein Gebäude in der Schlösserstraße hat ebenso ein Tattoo. Wie bei Menschen haben nicht alle Häuser eins, aber dieses – das Haus zur weißen Lilie, anno 1898 – hat sogar zwei, eins auf jeder Seite. Auch sie sind Lebensmaxime, Mahnung, Ermutigung, Diagnose: „Ohn' Gottes Gunst all Bauen umsunst" und „Durch Müh' und Fleiß kommt Nutz und Preis".

Während sich die reimenden Hausinschriften auf die Bibel beziehen und an bürgerliche Maxime erinnern, besteht die Inspiration für die – realen oder imaginären – Inschriften von heute aus einer Mischung von Ratgeberliteratur, Lebensmaxime, orientalischer Philosophie und Popkultur (Songs, Bestseller und TV-Serien – „Es ist, wie es ist", das ist übrigens auch der Lieblingsspruch des TV-Watsons, des bodenständigen Pendants zum unkonventionellen Sherlock Holmes.

⁂

Marlene, die Frau, die sich für das Wort Gelassenheit entscheiden würde, mag die Idee, das Wort aber nicht, jedenfalls nicht auf Deutsch. Es klänge irgendwie zu altmodisch. In anderen Sprachen höre sich alles geheimnisvoller, irgendwie rätselhafter an. Auffällig ist, dass Tattoos – bei aller Verschiedenheit – oft auf Englisch sind oder sein sollten. So überlegten Marlene und ich, ob ein englisches oder französisches Wort für Gelassenheit besser sei. Ein Ausdruck wie: „to be chill about things" passte aber nicht so gut zu einer 42-jährigen Beamtin mit Kindern … Nach der Suche eines französischen Worts bemühten wir uns nicht mal mehr.

Als ich angesichts der Allgegenwärtigkeit von Tattoos „Dissidenten" – diejenigen, die sich eins leisten können, aber dennoch keins wollen – nach möglichen Inschriften fragte, ließen sie sich freundlich und pflichtbewusst auf das Experiment und tiefe Gespräche ein; und sie antworteten überraschend schnell. Eine Sprache für eine bestimmte Haltung, die dem Leben Sinn verleiht, hatten sie. Manchmal spürten sie dabei ein Unbehagen, als ob der Sprache sinnlicher Glanz und ein Cachet des Sinnvollen fehlte. Vielleicht wirken deshalb Inschriften in einer Fremdsprache in schön verzierter Schrift oder in abstrakten Mustern und Arabesken tiefgründiger.

⁂

Haben die Tattoolosen keinen Stil? Doch. Genau mit dieser Erscheinung drücken sie einen Stil aus. Ohne sie gewiss beleidigen zu wollen, distanzieren sie sich von jenen Altenpflegerinnen auf Titelblättern von Frauenzeitschriften und deren ästhetischem Geschmack. Und dabei machen sie – ohne es sagen zu müssen oder gar daran zu denken – eine Haltung klar: Ich bin zugleich selbstbewusst und zurückhaltend und es ist gut so.

„Tattoos im Erfurter Stadtbild",
Thüringer Allgemeine, 25. August 2017, S. 4

# Bilder von uns

*Was hält die Gesellschaft zusammen?*
*Nicht Werte, sondern Fotos.*

Neulich war ich zu Besuch bei Yara, einer Bekannten aus Montreal, die eine überwältigende Menge an Fotos besitzt. Dabei fiel mir etwas auf, das mir in Erfurt und anderswo in Thüringen durchweg begegnet war, aber worauf ich jedoch nie wirklich geachtet hatte: In Wohnungen gibt es fast überall – an den Wänden, auf Möbelstücken – Fotos. Im kanadischen Montreal dagegen, wo ich die meiste Zeit lebe, sind Fotos recht unüblich. Die Einzigen, die bei mir an der Wand hängen, hat mir eine Erfurter Freundin geschenkt.

Mag manch einer den ästhetischen Wert der auch sehr verbreiteten Orchideen – samt saisonalem Nippes auf Erfurter Fensterbrettern – anzweifeln, gehören Fotos zu den wenigen Gegenständen, die heute stillschweigende ästhetische Zustimmung genießen.

⁂

Auf Jugendfesten werden unglaublich viele Fotos geschossen. Es ist, man könnte fast sagen, ein Foto-Fest, von Diashows ganz zu schweigen: Das Baby wird geboren. Klick.

Das Kind wird eingeschult. Klick. Der oder die Jugendliche posiert für die Kamera. Klick.

Manchmal wird auch Kritik geübt: Wir schauten nicht mehr hin, wir lebten nicht mehr den gegenwärtigen Moment. So bei Jugendweihen. Für manche sind es zu viele Fotos – man fühlt sich von den Blitzlichtern der Kameras und Smartphones überwältigt, schwindelig. Bei aller Kritik sind diese Bilder jedoch nicht sinnlos. Im Zentrum jeglicher Aufmerksamkeit und als Motiv für so viele Fotos sind die, die den Eltern am wichtigsten und bedeutendsten sind: ihre Kinder.

⁂

Liest man über die Gleichzeitigkeit von Ritualen und Fotografie, stößt man schnell auf das Buch eines französischen Soziologen. Er schrieb es in den 1960er Jahren, also vor dem Zeitalter des Smartphones und der Selfies. Eins fällt bei der Lektüre auf: Wenn er über Fotos schreibt, macht er Gebrauch von religiösen Begriffen. Er schaut sich die Menschen an, die gerne fotografieren, und bezeichnet sie als Gläubige, Eifrige und Inbrünstige; die allgemeine Praktik unterscheidet er in aktiv, gelegentlich oder eben nicht existent. Er zeigt, was bei der religiösen Praktik lange üblich war: Dass die Fotografie mehr unter alten als unter jungen Menschen ausgeübt wurde (wobei Letztere sie intensiver pflegten), dass es die Frauen waren, die die Bilder verwalteten und die Kinder miteinbezogen.

Rituale und Fotografie sind nicht voneinander zu trennen; sie halten die Gesellschaft zusammen. Erstere waren einst religiös. Heute sind sie selten noch, aber es gibt sie immer noch, zumindest in Erfurt. So verleihen die vielen Fotos in der Stadt sowas wie einen „religiösen ‚touch'". In Montreal, wo es praktisch keine Jugendfeste, Hochzeiten oder Taufen mehr gibt, hängen kaum Fotos an den Wänden. Im Kontrast zu Erfurt erscheint das fotolose Montreal „säkularisiert": Meine Großeltern hatten zwar viele, meine Eltern auch, aber weniger, ich, kaum welche. Dort stehen die ehemaligen Fotoateliers leer oder wurden zweckentfremdet.

⁂

Geschossene Fotos sind nicht einfach irgendwelche Objekte. Klar können sie dekorativ, lustig, banal oder ein richtiger Partykiller sein, wenn sie im falschen Augenblick rausgekramt werden. Sie werden aber auch als sinnhafte Objekte ausgetauscht; sie werden als Geschenke verwendet. Bei einer Jugendweihe, zu der ich mal eingeladen war, gehörten Fotoalben übrigens zu den beliebtesten Geschenken – die sichtbare Ergänzung zu Geldscheinen. Durch eine gemeinsame Abbildung, oft von Mitgliedern mehrerer Familien, bringen Fotos die Menschen zusammen; sie verbinden sie. Sie sind zugleich materieller Ausdruck dieser Beziehungen und tragen zu ihrer Erhaltung bei.

Bilder solcherart sind mir nach dem Jugendweihe-Fest immer wieder begegnet: Beim Empfang nach den Feierlichkeiten, auf Dankeskarten, die an Familie und Freunde verschickt wurden, an Wänden in Wohnungen, in Fotoalben, die später zum 18. Geburtstag überreicht werden, auf Broschüren, die Veranstalter von Jugendweihen an den Schulen verteilen, auf YouTube und sogar in der lokalen Zeitung.

Durch dichte und lose Vernetzung konstruieren Fotos Tag für Tag die Gesellschaft. Sie schaffen Wechselseitigkeit und gemeinsame Erinnerungen, die über die Grenzen von Entfernung und Generationen, auch über den Tod hinausgehen. „Am Ende bleiben nur Bilder", kommentierte mal mir gegenüber eine Frau lakonisch.

⁂

Sie müssen mich nicht bemitleiden. Es ist nicht so, als ob ich überhaupt nicht fotografieren würde oder gar keine Fotos besäße. Neben den Fotos von meiner Freundin aus Erfurt und neuen, die ich inzwischen hingestellt habe, trage ich im Portemonnaie viele kleine Schulfotos von meiner Tochter und ihren Freundinnen. Ich schaue sie mir regelmäßig an, spätestens dann, wenn sie aus dem Portemonnaie zu fallen drohen.

Und sowieso habe ich meine eigenen Fotoerfahrungen – ich weiß, es klingt wie: „Ich glaube nicht am Gott, bin aber spirituell". Dies wurde mir bewusst, als ich bei der Friseurin in der Erfurter Altstadt saß. Während meine Haarfarbe einzog, holte sie ein Fotobuch über Erfurt in den 1980er Jahren. Sie erzählte von Kindheitserinnerungen, ihrem Haus, der Stadt damals. Wir schauten uns die Bilder an und erlebten einen flüchtigen „Foto-Moment", der uns verband.

Wenn ich mich mit der eingangs erwähnten Freundin treffe, versäumt sie nicht, ein Selfie von uns beiden zu machen. Dann schickt sie ihrer Mutter das Bild, die sich darüber freut – und ich mich wiederum auch. Der Moment ist schön, unser eigenes Ritual in Miniatur.

⁂

Gewiss gibt es andere kleine Rätsel des Alltags zum Thema Fotos: Wieso zum Beispiel Hochzeitsbilder an den Wänden Erfurter Wohnungen weitestgehend fehlen? Was bedeuten die Sexy-Fotos, die Fotogeschäfte anbieten und manchmal in Schaufenstern ausstellen? Darüber habe ich schon mal geschrieben* und habe es auch noch einmal vor. Diesmal aber war es eher eine Art besinnliche Betrachtung, eine unaufgeforderte Rede zu einer imaginären Jugendweihe.

* Siehe „Der Geheimbund der Ehe", S. 20.

„Bilder von uns",
Thüringer Allgemeine, 19. Juli 2018, S. 4

# Neben- und Nacheinander

Sie feierte Geburtstag, einen runden. Sie war an dem Tag nicht arbeiten, weil sie sich keine blöden Sprüche anhören wollte, doch hatte sich eine kleine Gruppe abends zu dem Anlass bei ihr zusammengefunden. Durch die Kinder und den gemeinsamen Sport kannten sie sich und pflegten mal rege, mal sporadisch Kontakt.

Im schmucken Garten ihres Reihenhauses hatte sie mit ihren Kindern eine Tafel mit mediterranem Flair gedeckt. Die Gäste, gleichaltrige Berufstätige, waren nach Feierabend mit dem Auto in ihre Vorstadt gefahren: zwei Ärztinnen, ein Ingenieur, Mitarbeiterinnen von Behörden, die Freundin einer Freundin und ein Paar aus Westdeutschland. Alle waren leger angezogen, bis auf einen Gast, der im Anzug erschien und sich genötigt fühlte, zu erklären, dass er gerade von einem wichtigen Termin käme.

Obwohl sie erst ein Alter erreicht hatte, das man das mittlere nennt, dominierte das Thema Krankheit den Abend. Anfangs ließ es auf einen Einstieg ins Gespräch vermuten:

Man redete über kleinere Krankheiten, die zu Plauderton und Prosecco passten. Dieser Eindruck wurde noch verstärkt, als einer der Gäste sagte, sie sei nach schwerer Krankheit froh, den heutigen Tag erleben zu dürfen. Das Gespräch stockte einen Moment, bevor es zu anderen Themen wanderte.

Doch kam das Thema wieder zurück. Es mischte sich in andere, steckte sie sozusagen an. Bei allem Angesprochenen – seien es Kinder, alternde Eltern, Arbeit oder Sport – ergab sich stets ein Bezug zu Krankheiten. Mag sein, dass die Jubilarin sich vergewissern wollte, dass es ihr – trotz steigendem Alter und einiger Schicksalsschläge – gut ging. Im Gespräch betonte sie das „Wesentliche". So nannte sie das Beispiel eines Vorgesetzen, der einen Schlaganfall beim Sport erlitten hatte und bei dessen Erzählungen den Zuhörern der Unterschied zwischen Sprüchen und Lebensweisheiten verschwommen vorgekommen sein mag. Obwohl teilweise gelähmt und sich nur schwer verständigend, habe der Mann, der ein Leben lang nur gearbeitet habe, endlich Zeit für seine Familie und wisse nun, „was das Leben wert ist".

Mit jeder neu geöffneten Flasche Weißwein wurde sie wehmütiger. Sie schwärmte von den alten Zeiten: Die Discos unter Katholiken zu „Ost-Zeiten", die gemeinschaftlichen Ausflüge. Was man alles schon erlebt hatte! Unterdessen erinnerte sie auch indirekt an den Mann, der es mal war, und an den, der es hätte sein können, und – bei zugegeben schwacher Hoffnung – an den, der es noch werden könnte.

Die Gäste nahmen einen gewissen Anteil an ihrem Schicksal. Schließlich hatten sie kürzlich oder seien sie bald dran, einen ähnlichen runden Geburtstag zu „feiern" – ob feiern, das richtige Wort ist? Manch einer schaute unauffällig auf das Handy. Manch anderer zog sich auch zuweilen zurück, zum Telefonieren, Probleme besprechen, oder sich noch einen Teller vom Büffet zu holen. Wenn sie noch geraucht hätten, hätten sie sicher die eine oder andere Zigarette angezündet.

Die Frische als Vorwand nehmend, verabschiedeten sich gegen 22 Uhr die Gäste.

Es war für viele Menschen aus der verbürgerlichten und gepflegten Mitte der Stadt ein typischer Abend gewesen. Es gab zwar einige kleine Exzesse, aber alles hielt sich in Maßen. Auf dem Nachhauseweg wurden sie verarbeitet: Die Menge, die die Jubilarin getrunken hatte, der Anzugsträger, der nicht zum legeren Setting des Abends passte, das auffällige Verhalten eines Kindes. Vielleicht durch die Verwunderung darüber, dass das Paar aus Westdeutschland ihre Sonnenbrillen nicht absetzte, fiel niemandem auf, dass sonst alle allein erschienen waren.

Allein zu Hause öffnete sie eine neue Flasche Weißwein und dachte möglicherweise daran, den Geschirrspüler anzumachen.

⁂

An dem Tag nahm er wie üblich gegen 22 Uhr seinen Dienst in der Bar auf. Er sauste einige Zeit mit Kisten hin und her, grüßte die ersten Kunden, klebte einen Zettel „Mojito to go" an die Tür, dann setzte er sich einen Moment hin. Er trank roten Likör mit einer Frau, die in einem kleinen Heft Notizen aufschrieb, und fing an zu erzählen. Obwohl er an dem Tag keinen Geburtstag feierte, war ihm nostalgisch zumute. Er erinnerte sich begeistert an die frühen 1990er Jahre. Damals kamen die ersten Italiener hierher und eröffneten Restaurants in der Altstadt. Auch Diskos, Bars und Puffs wurden in Betrieb genommen, am Moskauer Platz und woanders – an der Peripherie. Mensch, es ging was ab! Es gab, wie er zu sagen pflegte, „Arbeit ohne Ende". Das war gut, richtig gut: Er kannte den Adrenalinschub, den man in Bars und Restaurants durch Arbeit und Geld bekommt.

Zusammen mit einem Freund hatte er sich selbstständig gemacht und die jetzige Bar eröffnet. Sein Freund führte ein Leben voller Exzesse: Er spielte und trank. Nach einem Schlaganfall wurde er teilweise gelähmt. Damit war, so erzählte er, der Moment gekommen, an dem er den Wert der Familie begriff, die er sich lange gewünscht hatte. Vielleicht aus dieser Erfahrung und aus der schieren Bedingung heraus, täglich an der Theke zu stehen, war er sichtbar bemüht, nicht zu viel zu trinken und eine Familie zu gründen.

An jenem Abend bestand die Kundschaft aus lauter Menschen, die nach ihrer nationalen Herkunft bezeichnet wurden: die Ukrainerin, der Kubaner, der Türke. Die übrigen waren im dort herrschenden Sprachgebrauch die „Deutschen". Manche waren redselig, andere wortkarg, aber fast alle Raucher.

Ein Konzertsänger aus dem Kaukasus küsste einer Frau einige Male die Hand, komplimentierte ihre Haut und beteuerte, dass er sich in diesen Dingen auskenne. Das Kompliment mag die Aufmerksamkeit eines Beobachters auf die Erscheinung der Kundschaft gelenkt haben, auf das Grau der Haut der anderen.

Der Sänger war im Begriff zu gehen, versicherte der Frau mit schöner Haut, er käme gleich wieder. Daraufhin kommentierte der Gastronom – so nennt er sich gern –, dass der Sänger gerade mit Frauen hier und in einer einige Meter weiter gelegenen anderen Bar nahezu gleichzeitig flirtete. Er kannte seine Kund*innen. Überhaupt sind Besitzer*innen von Bistros, Bars und Restaurants – Friseur*innen übrigens auch – oft Menschenkenner*innen.

Neben dem gelegentlichen Hausverbot erteilte er manchmal auch praktische Ratschläge (in Sachen Arbeitspapiere, Partnerschaft oder gar Beauty), belehrt aber keinen. Blöde Sprüche macht er bloß über sich selbst: sein Alter und Aussehen, sein schütteres Haar und seine Funktionstüchtigkeit.

Alkoholiker sind ihm ein Dorn im Auge – sie machen ihm dauernd Probleme. Trotzdem ist er stets bemüht, Kunden die wegen ihrer Konsumgewohnheiten und Aussehen nicht vorschnell zu beurteilen, ja sie sogar in ein gutes Licht zu setzen. „Er ist in Ordnung, er hat nur viel genommen", hört man ihm sagen, während er sich vielsagend die Nase an der Seite anfasst.

⁂

Wäre dies ein *pitch* für eine Fernsehserie – *Desperate Housewives* oder *Sopranos* fallen einem ein –, würde sie die Nachtbar aufsuchen und er sich in ihren Kreisen bewegen. Hinter der bürgerlichen Fassade würde bei ihr eine wilde Seite betont und bei ihm wiederum eine bürgerliche Seite hinter wilder Fassade. Solche Gegebenheiten sind im vorliegenden Fällen allerdings nicht bekannt.

Es herrscht sozusagen ein Neben- und ein Nacheinander. In kleinen und mittelgroßen Städten sind nachts keine beliebigen Menschen aus der Mitte der Gesellschaft unterwegs. Nur deren Anwärter*innen, sprich Student*innen, Kund*innen und Mitarbeiter*innen von Nachtbars. Er und sie führen verschiedene Leben, haben andere Arbeitszeiten. Sie gehören im doppelten Sinne unterschiedlichen Schichten an.

Nur als Bewohner eines Altersheims oder als Patienten im Krankenhaus würden sie in Berührung kommen. Es sind vielleicht die einzigen Orte, an denen sie sich begegnen könnten. Aber bis dahin ist hoffentlich noch viel Zeit.

bisher unveröffentlicht

# Für Frieden und Sozialismus seid bereit! LOL

2015. In der Hauptstraße spazieren Paare und essen Eis. Das Wetter ist herrlich am Tag der Arbeit. Ich geselle mich zu den vielen Touristen. Als ich in die Seitenstraße einbiege, komme ich zum alten Studentenclub. Dort, einige Meter entfernt von der schönen Fassade der Altstadt, nehme ich die Stadt sozusagen backstage wahr.

Das dort anwesende Publikum besteht vorwiegend aus Menschen der Wendegeneration. Zur Zeit der Ereignisse waren sie Teenager beziehungsweise Student*innen. Das schwarz gekleidete Publikum ist zwar nicht mehr ganz so jung, hat sich aber für den Anlass jung gemacht. Das Süße weicht dem Bitteren. Im Hof ertönt ein Repertoire mitreißender russischer Lieder. Im Matrosenanzug, Pelzmantel und Czapka mimen die Musiker „Russen" – ähnlich wie „Italiener" aus Bulgarien in Restaurants bedienen, oder „Franzosen" aus Deutschland Chansons singen. Im Geist der Völkerfreundschaft unterhält das Orchester die „einstigen Student*innen".

Als das Orchester Trompete, Posaune, Geige, Schlagzeug, Becken und Akkordeon niederlegt, schreien die Anwesenden einstimmig: „Zugabe! Zugabe!“ Da tut der Sänger, als ob er beleidigt wäre: „Was?“, kommentiert er mit russischem Akzent, „jahrelang Russisch in der Schule gehabt und ihr könnt nicht mal ‚ещё раз‘ sagen!“ „Na dann?“, fordert er das Publikum auf. „Ещё раз! Ещё раз!“, stimmt es an. Eine Weile wird noch gespielt. Ehe der Sänger sich verabschiedet, ruft er den Pioniergruß in die Menge hinein: „Für Frieden und Sozialismus seid bereit!“ Wie ein Echo erklingt ein „Immer bereit!“

Ich bin nicht immer am Ersten Mai in Erfurt. Nein. 2016 war ich zum Beispiel nicht da. 2017 war ich zwar mit einem Kollegen im Studentenclub, aber keine gute Beobachterin: Wir tranken Bier und besprachen seine Probleme. 2018 war ich woanders. Deshalb war ich in diesem Jahr besonderes neugierig zu erfahren, wie das Fest sein würde und ob sich etwas verändert hatte.

⁂

**2019.** In der Hauptstraße spazieren wieder Paare. Das Wetter ist herrlich. Touristen sind am Feiertag in die beschauliche Altstadt geströmt, genießen die übliche Runde – Parkplatz, Domplatz, Marktstraße, Fischmarkt, Wenigemarkt und zurück – und schwelgen beim Eis. Vom Hof jenes Studentenclubs klingt erneut Musik. Viele schwarz gekleidete einstige Studenten sind wieder da. An-

*Die Band Петрушка*

dere wohl nicht mehr. Sie machen entweder einen Familienausflug auf dem Land oder sind sportlich unterwegs. Die hohe Anzahl der Anwesenden lässt allerdings vermuten, dass es – „backstage“ – an Nachwuchs nicht mangelt. Im Süden der Stadt wird wieder demonstriert, eine bunte und zahlreiche Koalition vereinigt sich gegen Rechte.

Am Eingang des Studentenclubs erstrahlt abends auf einer Lichttafel der Spruch „Für Frieden und Sozialismus seid bereit!" In Erfurt sieht man nämlich an bestimmten Festtagen, was es woanders nicht gibt: sozialistische Parolen, Fahnenappelle, Jugendweihefeiern. In vielen anderen postkommunistischen Ländern? Schlicht undenkbar. Die Erfurter Wendegeneration ist hier eine ironische. Manchmal frage ich mich, was nach der ironischen Haltung, jener Mischung aus Distanzierung und Empathie, kommen wird. Wird sie sich zur Satire mausern? In Vergessenheit geraten? Ernst gemeint werden? Gut möglich, dass die einstigen Student*innen sich in einigen Jahren die Videoaufnahmen alter Erster-Mai-Feste zu Hause anschauen und sich beim Bier – oder Eis? – an die „wilden Jahre" erinnern werden.

Später in der Nacht gehe ich noch in eine Bar. Der Kellner erzählt, dass er an der diesjährigen Mai-Demo im Süden der Stadt nicht teilgenommen hat. Unaufgefordert gibt er Auskunft: „Ich bin weder links noch rechts." Seine Einstellung erinnert an die Plakate, die zur Wahl des Stadtrats und des Europäischen Parlaments an jenen Tagen aufrufen. Nicht auf Kampf, sondern auf Mäßigung und Mitte berufen sich viele Parteien.

⁂

Am darauffolgenden Sonntag mache ich mich mit der Bahn auf den Weg von Erfurt nach Weimar. Ich trage die braune Trainingsjacke der „Vorwärts“, der Armeesportvereinigung (ASV) in der DDR, die ich geschenkt bekommen habe. Mit dem Geschenk kam die unausgesprochene Forderung, die Jacke im Alltag zu tragen. Obwohl „immer bereit“, fühle ich mich an einem normalen Sonntag in der Rolle der DDR-Sportlerin etwas verlegen. Als ich Platz im Abteil nehme, verstecke ich mich gleich hinter der Lokalzeitung.

Bevor der Zug anfängt, sich zu bewegen, kommt ein älterer Herr auf mich zu. Ohne ein Wort über die Jacke zu verlieren, schleudert er mir ins Gesicht: „Die Zeitung liest doch keiner mehr!“

Man regt sich an diesen Tagen über viele Sachen auf, gegenüber DDR-Artefakten verhält man sich aber wohl neutral.

bisher unveröffentlicht

# „Erfurt ist nicht …“

# Was der Reiseführer nicht verrät

M. ist eine Stadt in Thüringen wie andere auch. Der Ort ist keine Sommerfrische in Brandenburg, wohin Berliner am Wochenende Ausflüge machen. Und M. ist keine gentrifizierte Einkaufsstadt, sondern einfach eine mittelgroße Stadt im Herzen Deutschlands. Mir ist dort ein Paar mittleren Alters begegnet, beim Italiener. Im Jahr des Reformationsjubiläums sind die beiden übers Wochenende mit dem Auto aus dem Süden Deutschlands angereist.

Das geschichts- und kulturinteressierte Paar ist entzückt: Die historische Altstadt mit den vielen Denkmälern und Kirchtürmen – vom Reiseführer angepriesen – ist wahrlich schön und liebevoll restauriert worden, die Museen offenkundig gut geführt.

Es ist ein Paar wie andere auch, aktiv und überwiegend reiseführertreu. Weil es zu denjenigen Paaren gehört, die mit Geld und Zeit keine Probleme haben, schlug ich ihnen ein kleines Experiment vor, ihren Aufenthalt in M. um einige Tage zu verlängern. Wie sieht, jenseits der sachkundigen Auskünfte des Reiseführers, die Stadt aus?

⁂

Am Montag wird das Paar ein bisschen außerhalb der vom Baedeker vorgeschlagenen Route spazieren. Ihm wird einiges auffallen, was dem Reiseführer nicht zu entnehmen ist: Sehr viel Geld ist seit den 1990er Jahren in die historische Altstadt geflossen; einiges ist jedoch unsaniert geblieben. Beim Anblick der vielen Senioren, die in Eiscafés und Bäckereien oder auf Bänken an der Hauptstraße sitzen, wird das Paar dann spätestens wahrnehmen, was es noch nicht bemerkt, sich jedoch eigentlich schon vorher abgezeichnet hatte: Am Wochenende gab es keine Spur von Menschen, ein gespenstiges Echo ertönte abends aus den eigenen Schritten, leere Wohnungen und Läden, die zu vermieten sind. Zum Geld ausgeben gibt es neben Frisör- und Kosmetikläden Sanitätshäuser und viele Handelsketten – sei es für Blumen, Gebäck, Brillen, Schuhe, Drogerien.

⁂

In einer diesen Ketten, die sich der Damenmode widmet, ist eine Frau, mit der ich sprach, beschäftigt. Zuvor hat sie bei einem Drogerie-Markt gearbeitet und wurde zwischendurch über eine Arbeitsagentur bei der Konkurrenz eingestellt, wechselte zu einem weiteren Hygiene-Discounter, wo sie für eine kurze Zeit einen Mini-Job annahm. Die 42-jährige Stadteingesessene hat M. nicht verlassen. Der Großteil ihrer Geschwister, Freund*innen und Bekannten haben es zugunsten Leipzigs, Erfurts oder Bremens getan. Manch einen trifft sie mal in der Stadt wieder, zum Beispiel beim Stadtfest, beim Klassentreffen oder beim Besuch Verwandter im Seniorenheim. Sie selbst bleibt gerne in M., wo sie Mann, Freund*innen und Arbeit hat.

Die Verkäuferin erzählt gern und mit Stolz über ihre Stadt, vermisst aber etwas. Was es ist, kann sie nicht recht sagen. Wenn man mit ihr spricht, könnte man meinen, dass die Bewohner, Läden und der Alltag der Stadt nicht dem Bild des Reiseführers entsprechen. Sie fragt sich: Wo sind die individuellen Geschäfte, die an diejenigen der Erfurter Krämerbrücke erinnern? Wo sind die eleganten, adretten, älteren Damen mit kleinen Hunden, die zu den restaurierten Gebäuden passen würden? Wo tobt das Kulturleben? Allein kann sie nicht dafür sorgen, dass sich Designer-Geschäfte über Wasser halten können und sowieso müsste sie sich das erstmal leisten können. Trotz Garten besitzt sie selbst keinen Hund. Und von dem an diesem Tag veranstalteten Kulturabend wusste sie nichts.

⁂

Wird sich das reisende Paar bis Dienstag in M. aufhalten, wird es schon einige Gesichter erkennen: Vielleicht die sympathische Verkäuferin, den älteren Mann, der vorhin in der Bäckerei mit sich selbst sprach und nun ein warmes Getränk beim Kaffeehändler trinkt, der jede Woche eine neue Welt verspricht, einen der jungen Geflüchteten, die in der Gegend Fahrrad fahren, oder den Oberbürgermeister, der gerade Besucher durch die Stadt führt, und allerhand Menschen grüßt. M. ist eine Stadt in Thüringen wie andere auch.

Das Paar wird auch sehen, wie Senioren mittags heimkehren, so wie die Kinder nach der Schule. An dieser Stelle des Experiments will es nicht mehr länger bleiben. Die Stadt ist wieder leer, die Senioren kommen erst am nächsten Tag wieder. Das Paar wird sichtlich ungeduldig. Ich hatte es geahnt, der Alltag rief. Man kennt das selbst zu gut: Zu Hause und im Garten ist viel zu tun.

⁂

Es tat mir leid. So fuhr ich mit dem Experiment ohne das Paar fort: Was hätte es an dem Abend machen können? Es wäre früh essen gegangen, denn um 22 Uhr macht ziemlich alles zu. Das hatte es schon am ersten Abend festgestellt. Gut, was nun?

Es hätte eine Kneipe in der Altstadt besuchen können, dort wo eine DDR-Flagge an der Wand hängt. Ältere – oder vom Alkohol gezeichnete, altaussehende – Männer tanzen mit Frauen und trinken Pfeffi-Shots. Einige Jüngere haben sich dazwischen gemischt. Zuhause gibt es auch solche Asyle für Lebensbestrafte, aber das Paar verkehrt dort nicht. Ihren Bekannten erzählt es gelegentlich davon und fährt jeden Tag mit dem Auto vorbei, ohne jemals einen Fuß hinein gesetzt zu haben. Sicherlich wären die beiden aufgefallen, wenn auch nicht ausgestoßen worden.

Wenn nicht in die Kneipe, was hätten sie sonst tun können? Schlagen wir die Zeitung auf. Heute treffen sich in der Stadt lokale Honoratioren und Mitglieder der Intelligenzia zu einem Club – manche sagen auch „Salon“ dazu. Bei einfacher Kost und Wein diskutieren sie über die Stadt, ihre Entwicklung und Kultur – und vernetzen sich. Die Anwesenden, darunter viele Zugezogene, zeigen sich optimistisch. Sie machen Kultur, träumen von Gewerbe und Geschäften, weiteren Investitionen und dem Zuzug von jungen Familien.

Die Gastronomie der Schwimmhalle, so stellt sich heraus, hat lang geöffnet. Eine Frauengesellschaft schwelgt bei Erfrischungsgetränken, redet über Kinder und Enkel. Es wird gemeckert, über das Wegfallen von sozialen und kulturellen Angeboten und auch über Geflüchtete. Dabei wird nicht bedacht, dass ihre Wünsche nach Angeboten und die Ankunft von Neuankömmlingen miteinander einhergehen könnten.

⁂

Es ist Donnerstag. Das Ehepaar ist längst wieder daheim. Haus und Garten sind in Ordnung. Heute besuche ich es in ihrer Stadt. Bei Kaffee und Kuchen zeigt es mir einige Fotos, die denen des Reiseführers ähneln und an Ansichtskarten erinnern. Sie erzählt von der Stadt: „Es ist schön geworden, ganz toll. Und das Wetter spielte mit. Außerdem war das Ho-

*Die Stadt ist wieder leer, die Senioren kommen erst am nächsten Tag wieder.*

tel gut gelegen und sauber." Einen Parkplatz haben sie auch gleich gefunden, fügt er hinzu.

Es ist ein Paar wie andere auch. Lange wird es sich nach M. wohl nicht zurücksehnen, denn es fährt am Wochenende in die Laube und in wenigen Tagen in den „richtigen Urlaub", ins ferne Ausland, die Tochter besuchen.

**„Dinge, die der Reiseführer nicht verrät",**
**Thüringer Allgemeine, 15. September 2017, S. 4**

# Litfaßsäulen fürs Paardasein

Mit Gesprächspartner*innen war ich verabredet, um über die Stadt Gera zu reden. Wiederkehrende Themen waren: die Bundesgartenschau, die Gewohnheit zu meckern und die Notwendigkeit zu handeln, das alte Bergwerk Wismut, die vielen aus der ehemaligen Bezirksstadt Weggezogenen, die wegen der Flucht zugezogenen Gruppen junger Männer und eine Ü30-Party im ehemaligen Haus der Kultur.

Auffallend waren weniger die Themen als deren Träger. Mag sein, dass eine Partnerbörse, die beteuert, dass sich alle elf Minuten ein Single dank ihrer Vermittlung verliebt, daran schuld war. Auf Litfaßsäulen und Werbetafeln warb sie an jenen Tagen an mehreren Orten der Stadt. Jedenfalls prägten Paare das Straßenbild Geras.

⁂

Seit einiger Zeit fährt sie quer durch die Republik im Rahmen ihrer Arbeit. So ist sie mehrere Tage in der Woche unterwegs. „Ihr streitet euch dann wohl wenig“, kommentierte ich etwas platt. Sie nickte, während wir einen weiteren Kaffee bestellten. „Wir stritten uns davor auch nicht“, will er noch unbedingt hinzufügen. In dem Moment fällt mir auf, dass sie zu zweit an diesem Sonntagsmorgen im Café erschienen sind. Das ist keine Selbstverständlichkeit.

Später laufen wir gemeinsam durch das Gelände der Bundesgartenschau. Das Wetter ist gerade angenehm, die Gesellschaft auch. Wir unterhalten uns über diejenigen, die aus der Stadt weggezogen sind – „wer ungebunden war, ist weg“, meint er –, über die, die aus der Ferne zugezogen sind und sich hier Schutz erhoffen und übers Jammern und Handeln. Vielleicht weil ich mich dabei fragte, auf welcher Seite ich laufen sollte, ob zwischen ihnen oder neben ihr, bemerke ich sie: die vielen spazierenden Paare im Park.

Ich erfahre mehr über die Stadt, sehe ihre schöne Seite am Fluss entlang. Durch das Gespräch mit mir lernen sie auch ein bisschen voneinander. „Wie nennt ihr den anderen?“ will ich wissen. „Ich sage ‚meine Frau‘“, und dann ergänzt er: „Wenn ich mich bei jungen Leuten vorstelle, sage ich, dass ich seit 28 Jahren verheiratet bin. Es ist ähnlich wie 300 000 Kubikmeter Wasser: Sie haben keine Vorstellung davon.“ Das Paardasein ist Teil seiner Identität, ihrer auch.

⁂

Abends begleite ich einen Taxifahrer bei der Arbeit. Wir fahren durch Gera und ich erblicke sie: die Innenstadt, die Neubaugebiete, die Siedlungen am Rand der Stadt. Am Ziel angekommen, ruft er seine Frau an: „Schatzi, Mausi. Ja, ich bin da. Ich hab' Herrn X abgeholt, hab' dich lieb, mein Schatzi." Ein ähnliches Gespräch wiederholt sich mehrmals innerhalb kürzester Zeit. Ein sehr symbiotisches Paar, denke ich mir.

Gestern war eine Ü30-Party, erzählt er. Es war wohl voll und damit ein guter Abend fürs Taxi-Geschäft. Heute ist es ruhig. Wir fahren, reden über das Wismut-Bergwerk und den Uranabbau. Er kennt sich aus und ist bemüht, mir die Stadt zu zeigen. Sein Handy klingelt. Von meinem Sitz aus vernehme ich eine Frauenstimme: „Bist du extra wegen der Tussi wieder zum Bahnhof gefahren?"

Erneut an diesem Tag ist mir die Triade und ihre Wirkung auf die Dyade bewusst geworden: Die Dritte bringt manchmal Ungesagtes ans Licht, vermittelt, kann aber auch stören und infrage stellen. Verlegen bedanke ich mich und steige in einen anderen Wagen ein.

⁂

Früh am nächsten Tag treffe ich mich mit einem kunstinteressierten Menschen. Er redet von Projekten, von der Stimmung in der Stadt, erwähnt den Artikel eines Hamburger Magazins, der die Stadt dunkel porträtiert. Vieles sei gescheitert in Gera, doch sehr viel sei auch möglich, mehr als woanders im Bundesland. Er erzählt von spannenden Initiativen, auch von ihr. Er stellt sie mir vor.

Er trägt einen schwarzen Ring, der auf eine Zweierbeziehung hinweist. Er verbirgt bestimmt, denke ich mir, eine eigene Geschichte von Einsamkeit, Freiheit und Gebundenheit. Das angenehme Paar hingegen trug keine Eheringe, versicherte mir aber, dass es sie nicht verloren habe.

⁂

Später in der Stadt sind sie auch da, die Paare. In der Einkaufsstraße und in den Eiscafés, oft mit ähnlichen Hosen und Mützen, farblich abgestimmt. Bei einer gewissen Vielfalt – es gibt alte, junge, konventionelle, alternative, Zigaretten rauchende und Hut tragende Paare. Sie prägen das Straßenbild Geras. Das Paardasein haben die Bewohner Erfurts mit denen von Weimar oder von anderen Städten Thüringens gemein. Wenn man selbst aus der Ferne kommt und allein durch die Stadt läuft, fällt es einem auf. Und plötzlich hat man sie vor Augen: alle Briefe, Karten und Nachrichten, die für die Partnerin oder den Partner mitunterschrieben werden („Ich grüße Sie ganz herzlich, auch in Namen meines Mannes/meiner Frau …"), den auf seine Frau wartenden Mann vor der Dessousabteilung des Kaufhauses und das oft benutzte „Wir" in Gesprächen.

⁂

Wenn auch bestimmt nicht immer harmonisch, gilt das Paardasein als normal. Sicher gibt es andere Formen des Zusammenseins, aber angesichts der Dyade, ist es – so scheint mir – als ob die sozialen Klassenunterschiede und verschiedenen Lebensstile aufgehoben seien. Klagen über Individualismus und Scheidungsraten scheinen diese Lebensform vielmehr zu bestätigen als ihren Untergang zu beweisen – wie auch die Statistik zeigt: keine steigende Tendenz zur Scheidung, im Gegenteil.* In Zeiten gefühlter Unsicherheit, strahlt das Paardasein Stabilität aus.

* „Trotz ‚verflixtem' siebten Jahr: Weniger Scheidungen in Thüringen", *Thüringer Allgemeine*, 15. 6. 2018.

⁂

Und die Ungebundenen, die Singles? Sind sie aus Gera wirklich weggezogen, wie es mir beteuert wurde? Die Werbung der Partnerbörse auf den Litfaßsäulen sowie die auf ein ähnliches Publikum abzielende Ü30-Party lassen jedenfalls eher auf ihre Anwesenheit und auf eine Sehnsucht nach Zweierbeziehung schließen.

**„Zweierlei in Gera",**
**Thüringer Allgemeine, 5. Juli 2018, S. 4**

# Das Mittelgebirge

„Warten Sie mal. Ich habe noch ein paar Exemplare“, sagte mir die Frau, zugleich Reiseführerin und Klimatherapeutin, in freundlich regionaler Mundart. Sie sprach viel und schnell über das Mittelgebirge: Geschichte, Geologie, Wandermöglichkeiten. Etwas schwindelig von den vielen Details nahm ich erstmal viele Broschüren mit, auch um mich auf den Weg zu machen. Mich interessiert das Alltägliche mehr als die Tourismussprache, die oft den Blick auf das „Schöne“ und „Außergewöhnliche“ lenkt.

Später fiel mir dann doch die Kopie des Buches in die Hand. Darin las ich, dass im Städtchen die Erholungsmöglichkeiten für Werktätige hervorragend seien und „wo einst nur Angehörige der beguterten Klassen sich ergingen, dem Müßiggang frönten und auf Kosten anderer rauschende Feste feierten, herrschte jetzt die ungezwungene Atmosphäre eines Erholungsortes des Volkes“. Ah! Die hilfsbereite und redselige Frau vom Tourismusamt hatte mir, es stellte sich heraus, ein weltanschaulich geprägtes Buch geschenkt.

So erfuhr ich, dass wir – eine Freundin war mit – in einem ehemaligen FDGB-Hotel, nach einer sozialistischen Persönlichkeit benannt, abgestiegen waren. Das Buch lenkte meinen Blick: Die meisten Gäste des 1000-Betten Hotels waren, so schien es mir, die Gleichen geblieben, nur älter geworden. Keine Werktätigen mehr, sondern „Veteranen der Arbeit". Nun waren sie in Begleitung ihrer Enkelkinder. Sie standen noch zeitig auf, gingen in die Schwimmhalle und genossen die – in der Sprache des Buches – „leistungsfähige Gastronomie". Das Bedienungspersonal mit fremden Akzent sorgte für gepflegte Gastlichkeit und erinnerte an frühere Urlaube am Balaton. Vermutlich hielten sich die meisten Gäste im Hotel aus nostalgischen Gründen auf, die wenigen anderen aus Neugier und Interesse für DDR-Schick.

⁂

Blättert man in Feuilletons aus Zeitungen der 1910er und 1920er Jahre, merkt man, dass das Gebirge ein beliebtes Motiv ist. Das Hochgebirge, an erster Stelle die Alpen, steht für Transzendenz und große Seelenbewegungen. Man kennt es auch aus Romanen. Das Mittelgebirge sei jedoch anders: kein Zauber und kein Rausch, eher Erholung und körperliche Vergnügung. Dass dort nur begüterte Klassen rauschende Feste feierten, lässt sich durch die Worte eines Reporters zumindest bezweifeln. Im Jahre 1926 berichtete er in der *Frankfurter Zeitung* von Erholungsbedürftigen aus den neuen Mittelschichten, die gerne Ausflüge ins Mittelgebirge unternahmen. Alles sei durchschnittlich, mäßig. Sogar die Krankheiten, die damals behandelt worden waren, scheinen bodenständig gewesen zu sein. Anstatt Neurose und Seelenunruhe liest man von Herz- und Nervenleiden, Gelenk- und Stoffwechselkrankheiten.

Die heutigen Besucher des Mittelgebirges sind auch Vertreter der Mittelschichten. Was suchen sie? Wohl eher Erholung, Genesung vom Alltag oder in Neudeutsch: Wellness, als Transzendenz und Zauber. Sie sind sonst so beschäftigt, die Rentner eingeschlossen. Vielleicht suchen manche auch mehr. Auf jeden Fall waren sie nicht im Gottesdienst oder am Heilwasserbrunnen anzutreffen, wo wir fast die Einzigen waren. In der Nachtbar auch nicht, denn es gibt sie nicht mehr.

⁂

Es ist alles wunderschön und ruhig gewesen im Bergstädtchen. Und das Wetter! Einfach herrlich! Trotzdem wurden wir irgendwie das Gefühl nicht los, dass manche Dinge nicht so richtig passten. Schon beim Ankommen im ehemaligen FDGB-Hotel oben auf dem Berg riet uns ein Bekannter, dass wir uns in ein anderes Hotel einquartieren sollten, wo wir – der Eindruck wurde uns so vermittelt – besser hinpassen würden. Doch wir blieben, der Exotik wegen.

Unten im Tal besuchte ich Einheimische, mit denen ich verabredet war. Gastfreundlich luden sie mich zum Abendessen ein. Dort versammelte sich eine bunte Mischung aus Bekannten verschiedenen Alters und unterschiedlicher Herkunft. Auch hier ging es weltanschaulich zu. Man könnte sagen, dass der Blick nach rechts gerichtet wurde. Ein Rentner schwörte auf traditionelle Rollenmuster in der Familie, sprach sachlich über Grenzen, lokale Politik und Ökothemen. Im Laufe des Abends fielen mir interessante Details auf: Er sei Christ, der Schwiegersohn Atheist; die Tochter einer Kusine habe eine Frau geheiratet; die Schwiegertochter komme aus dem östlichen Ausland. Über vieles wunderte man sich. Seine Frau, die auch anwesend war, staunte über das Bier, das sie vor sich hatte („Schau hin, ich, eine alte Frau, mit so einer großen Flasche Bier"), über die Wildschweinschnitzel, die serviert wurden, sowie über die bunt gemischte Gesellschaft. Es war ein Abend kleiner Kontraste, an dem man wahrlich Spaß hatte.

Anders verlief es in der Sauna einen Tag später auch nicht. Dort trafen sich, allem Anschein nach, ältere Honoratioren, eine Männergesellschaft, die ihren Redebedarf bei Hefeweizen und Hitze auskurierte. Auch sie, freundlich und gesprächig. Meine Freundin war leicht irritiert, irgendwas passte nicht. Vielleicht lag es an dem Kontrast zwischen der Ganzrasur der Honoratiorenkörper und ihrer von der Zeit gezeichneten Erscheinung. „Wenn wir länger im Städtchen bleiben würden, käme ich gerne wieder hierher", sagte meine Freundin, die sich sichtlich über sich selbst wunderte.

Auf dem Weg vom Tal zum Hotel auf dem Berg erkannten wir dann das Auffälligste: den Kontrast zwischen dem monumentalen Gebäude und den koketten Häusern aus dem 19. Jahrhundert sowie den neuen Einfamilienhäusern mit gepflegten Gärten. Es passte alles nicht und war dennoch irgendwie so normal.

⁂

Der Reporter aus den 1920er Jahren mag recht gehabt haben. Das Mittelgebirge passt zur Mitte der Gesellschaft und deren Ethos: von allem nicht zu viel und nicht zu wenig. Und doch ertrug diese Gesellschaft – zumindest an diesen Tagen – im Städtchen lauter kleine Kontraste und Irritationsgipfel, ohne dass ihre Prinzipien dabei erkennbar erschüttert worden wären.

⁂

Zurück im Hotel telefonierte ich mit meiner aus weltanschaulichen Gründen – vegetarischen Tochter und beichtete ihr, dass ich Wildschweinschnitzel gegessen hatte. „Überhaupt sind Wildschweinschnitzel eine ungewöhnliche Sache“, kommentierte später meine Freundin, die dem Gespräch gelauscht hatte. Stimmt, aber sie schmeckten gut und meine Tochter hat mir, was den Bruch des Prinzips angeht, vergeben.

**„Die Mittelgebirge“,**
**Thüringer Allgemeine, 12. Juli 2018, S. 4.**

# Etikette einer Nekrologin

Es gibt Leute, die beginnen ihre Tageszeitung auf den letzten Seiten zu lesen. Die Todesanzeigen schauen sie sich am liebsten an. So zum Beispiel Frau B. aus Nordhausen. Sie kann sich über die Zeitung – und über Politik und die vorherrschenden gesellschaftlichen Verhältnisse überhaupt – wahnsinnig aufregen. Die Todesankündigungen liest sie aber gerne.

Dass die Todesanzeigen gelesen werden, bestätigt die hilfsbereite und professionelle Anzeigemanagerin der regionalen Zeitung, die extra aus Erfurt gekommen ist. Wir treffen uns in der lokalen Redaktion – oder dem „Service Center" – in Nordhausen. „Die Anzeigen werden besonderes viel am Wochenende gelesen", erfahre ich. Wegen ihnen abonnierten manche Leute die Zeitung nur am Wochenende.

Im letzten Jahr hat die Anzeigemanagerin einen 90-seitigen Musterkatalog für Traueranzeigen angefertigt, um den Anforderungen der Zeit nachzukommen. Vergangen sind also die Zeiten, in denen die Mehrzahl der Traueranzeigen – ähnlich wie Grabsteine – mit akademischen Titeln oder Berufsbezeichnungen versehen waren. Trauerverse aus Werken von Dichtern und Philosophen – Albert Schweitzer, Goethe, Kant – oder aus der Bibel gibt es noch zu lesen, aber auf Körper tätowierte Inschriften wären vielleicht aussagekräftiger, weil individueller. Alles wird, so die Anzeigemanagerin, individueller. So werden die Anzeigen von Max und Maxima Mustermann aus Musterhausen mit einer Vielfalt von Farben, Bildern, Hintergründen eigens angepasst. Der standardisierte Katalog mit seinen Variationsmöglichkeiten hilft den Menschen bei der Suche nach individueller Gestaltung und dient gleichzeitig der Entlastung vom ganz Persönlichen, das doch viel von einem abverlangt.

⁂

In der Zeitung findet man Todesanzeigen und Danksagungen, darüber hatte mich Frau B. schon unterrichtet. Während die ersten oft sachlich sind, fallen die zweiten persönlicher aus. Einem Bestattungsunternehmer in Nordhausen gilt oft der Dank. Er bereitet die Anzeigen, die Rede und die Trauerarbeit mit den Hinterbliebenen vor. Er setzt auf Individualität, das persönliche Gespräch und die gute Beratung.

Der Bestatter hat eine eigene Philosophie. Gegen den Trend zum halb anonymen Begraben befürwortet er den Abschied am offenen

Sarg. Individuell, aber zugleich traditionell, dafür steht er: schwarz gekleidet, pietät- und würdevoll – ohne Floskeln, wie seine Werbung verspricht. Ich bin von seinem Konzept sowie von seinem sicheren und eloquenten Auftreten beindruckt. Wäre ich in der Stadt ansässig, hätte ich gleich einen Vorsorgevertrag abgeschlossen.

Der Mann ist, was die frühere Soziologie an der Schwelle zum 20. Jahrhundert eine große Individualität oder Persönlichkeit nannte. Stets betont er die Qualität vor der Quantität. Wie viele Leute, denen ich an jenen Tagen in der Stadt begegnet bin, hegt er Kritik gegen den allgemeinen egoistischen Individualismus. Die Leute hätten Schwierigkeiten, sich zu binden, seien atomistisch; das Sportstudio stünde dafür als Sinnbild. Solche Aussagen und Bilder kommen in einer Stadt gut an, wo, so ein anderer Gesprächspartner, „die Leute frustriert sind und nicht wissen wieso“. Große Individualitäten treten zugleich als Verkünder und Erlöser unbefriedigter Sehnsüchte auf, an erster Stelle – so meine ich zu vernehmen – ein besonderer Mensch zu sein und dafür anerkannt zu werden.

⁂

Ich kann mir vorstellen, warum die Anzeigefrau mich mit dem Bestattungsunternehmer bekannt machen wollte. Seine reiche Biografie und sein Konzept sind einzigartig – „es ist meins“, betont er über Letzteres. Hinzu kommt noch eine ästhetisch-architektonische Komponente: Auch seine Villa fällt in der Stadt auf.

„Wir waren eine der reichsten Städte Deutschlands", kommentiert ein lokaler Politiker mir gegenüber. Nun ist die Stadt weder groß noch klein. Industrie, Kultur und Bildung gibt es zwar, aber vom architektonischen Glanz der einst wohlhabenden Stadt ist gegenwärtig wenig zu spüren. Neben Neubauten und einer renovierten Altstadt gibt es viele leere Stellen. Hört man den Leuten zu, scheint weniger der Krieg, der viel zerstört hat, schuld daran zu sein, sondern mehr die verpassten Chancen der Nachwendezeit.

„Und die Stadtbewohner?", will ich wissen. „Die Leute sind nicht reich, aber es reicht", antwortet man mir. An jenen Tagen sind mir viele Tätowierte und Freizeithemdenträger begegnet. Ich frage mich, ob sie sich zum Bestatter trauen werden, wenn sie nicht wie ich von einer Anzeigemanagerin hingeführt würden.

⁂

Eine Freundin aus Erfurt war mal mit mir auf einer kirchlichen Beerdigung in meiner Heimatstadt in Kanada. Sie war über dreierlei irritiert: die traurig-gesellige Stimmung, die halblauten Gespräche, die bunten Farben, die getragen wurden. Beerdigungen sind dort für Familien oft die einzigen Möglichkeiten, zusammenzukommen – andere Lebensrituale, Jubiläen und runde Geburtstage gibt es kaum. Beisetzungen sind manchmal fröhlich, ohne dass man beleidigt sein muss. Nicht selten nehmen das die Trauerredner als etwas Positives auf: Man hat sich oft lange nicht gesehen und freut sich übereinander.

Frau B., die Anzeigemanagerin und der Bestattungsunternehmer wären sich bestimmt mit der Freundin einig: Ein solches Benehmen widerspricht der Etikette des Trauerns. Bei der regionalen Zeitung wird dafür gesorgt, dass alles pietätvoll, zurückhaltend, normkonform und zugleich individuell läuft. Frau B. mag sich weiterhin über vieles aufregen, aber zumindest nicht in diesem Punkt.

**„Etikette einer Nekrologin",**
**Thüringer Allgemeine, 26. Juli 2018, S. 4**

# Immer am falschen Ort

Jeremy ist Student. Er erzählt mir, wie er zum ersten Mal aus der Wohnung seiner Mutter auszieht, um eine Einraum-Neubauwohnung am Johannesplatz zu beziehen. Als er das Viertel erwähnt, hat er gleich eine defensive Haltung: „Es ist nicht so schlimm, nicht so wie im Roten Berg."

Ich: „Im Roten Berg?"

Jeremy: „Da willst du nicht allein hin, es ist gefährlich." Sofia, die neben uns sitzt, nickt bestätigend: „Nor."

Ich brauche nicht mehr Ansporn, um hinfahren zu wollen. Zu oft, in verschiedenen Zusammenhängen, habe ich vom Roten Berg als berüchtigtem und verrufenem Ort gehört. Ich fahre hin. Es ist grün, friedlich, ruhig. Nichts passiert. Das erzähle ich Jeremy am nächsten Tag.

Jeremy: „Das ist", antwortet er, „weil du nicht abends da warst."

Also mache ich mich nochmal auf den Weg, erst zum Roten Berg, dann zum Moskauer Platz. Abends. Diesmal mit Marco. Das Einzige, was passiert, ist, dass die Batterie von seinem Auto plötzlich leer ist. Wir standen schon eine Weile auf dem Moskauer Platz und hörten Musik, die Scheinwerfer brannten zu lange. Wir müssen den ADAC rufen. Ich gehe nochmals zu Jeremy und erzähle ihm das.

Jeremy: „Es ist, weil sie den Club im Roten Berg dichtgemacht haben. Er soll in zwei Jahren wieder aufgemacht werden." Und meine Mitbewohnerin, Susanne, bemerkt: „Der Moskauer Platz ist fast bürgerlich, das habe ich dir gesagt. Der Berliner Platz ist viel schlimmer."

⁂

Ortswechsel. Nach vielen Jahren treffe ich Herrn Dörnte bei einer Kulturveranstaltung in der Altstadt wieder. Nach dem Austausch von Höflichkeiten, frage ich ihn, wo er wohne.

Herr Dörnte: „In …, wie heißt nun das Viertel in Berlin?" „Neukölln?", frage ich. „Ja, ich wohne im ‚kleinen Neukölln'", antwortet er lachend mit Bezug auf die ethnische Vielfalt, die – wie er betont – sein Viertel charakterisiert, das Rieth und den Berliner Platz. „Wenn ich könnte, würde ich vielleicht in der Altstadt wohnen, aber wissen Sie, ich bin Rentner …"

Wir verabreden uns für die darauffolgende Woche.

Zu Hause zeigen seine Frau und er mir die gepflegte Wohnung im letzten Stock einer Wohnscheibe. Beim Kaffee erzählen sie vom Wandel des Viertels: früher, sozial durchmischt (der Professor, der Arbeiter und der Polizist wohnten nebeneinander); heute, ethnisch durchmischt (Russen, Afghanen und Deutsche wohnen nebeneinander). Die Dörntes sind darauf bedacht, zu betonen, dass die Bewohner mit Migrationshintergrund nicht problematisch sind, das seien eher diejenigen, die die billigste Droge, die es gibt, konsumieren: den Alkohol. Wir reden viel. Mit der Entwicklung der Demokratie in der Welt solle man sich auch mehr Sorgen machen.

Ich frage: „Ist es gefährlich im Viertel? Wie ist es abends rauszugehen, Frau Dörnte?" Sie meint, sie habe abends mehr Angst auf dem Anger auf eine Straßenbahn zu warten als in ihrem Viertel. Allerdings sei das anders in den Plattenbausiedlungen im Süden Erfurts. Da sei alles so dicht gebaut und auch anders, gesinnungsmäßig …

Später bietet mir Herr Dörnte eine kleine Führung durch das Viertel an. Der Berliner Platz, erzählt er mir, wird demnächst neugestaltet. Es ist nicht klar, was für Geschäfte sich dort niederlassen werden, aber der Platz wird revitalisiert. Im Moment sind eine kleine Buchhandlung, Essbuden, ein 1-Euro-Shop, ein An- und Verkaufsladen, ein Fleischer und ein Bäcker zu sehen. Unweit toben Kinder auf einem Spielplatz. Auf der Straße wird Herr Dörnte gegrüßt, angesprochen.

⁂

In den letzten Wochen war ich viel unterwegs, bin rumgefahren. Von einem Wohngebiet zum anderen. Dass es an manchen Orten gefährlich sein kann und dass andere Menschen gefährdeter sind als ich, will ich nicht bestreiten. Auch die Zeitung berichtet regelmäßig von Vorfällen.

Warum war ich aber prinzipiell immer zur falschen Zeit am falschen Ort, wenn ich mir bedrohliche Gegenden anschauen wollte? Warum muss – aus Sicht meiner Gesprächspartner*innen – gerade ein anderer Ort schlimmer sein als der, an dem sie wohnen? Vielleicht ging es darum, eine „Gefahrhypothese" aufrechtzuerhalten: Dass man sich tatsächlich im eigenen Zuhause wohlfühlt und ein Gefühl der Sicherheit empfindet, ohne sich einer diffusen Angst entledigen zu können, dass man in gefährlichen Zeiten lebt. Schließlich erwähnte Jeremy doch, dass der Club im Roten Berg zukünftig wieder aufgemacht wird und die Dörntes machten sich Sorgen um die Zukunft der Demokratie; in der einen oder der anderen Form schienen immer Gefahren zu lauern.

**„Immer am falschen Ort",**
**Thüringer Allgemeine, 28. Juli 2017, S. 2**

# Der diskrete Charme des Religionsunterrichts

„Es ist sicher anekdotisch", das versicherte mir eine Religionssoziologin, als ich ihr von einer Auffälligkeit erzählte. Als ich vor einigen Jahren Gastwissenschaftlerin beim Institut für Kulturwissenschaften in Leipzig war, fiel mir ein Detail auf: Die hohe Anzahl von Kindern, die am Religionsunterricht des von meiner Tochter besuchten staatlichen Gymnasiums teilnahmen. Weil die ehemalige DDR als besonders säkular gilt, wunderte ich mich darüber.

Der Antwort der Soziologin zum Trotz entschloss ich mich im Zuge meiner journalistischen Tätigkeiten im benachbarten Erfurt, einen Blick auf die Schulstatistik der Stadt zu werfen und möglicherweise darüber zu berichten.

## I/2014

Die Zahlen für das Schuljahr 2012/2013 zeigen, dass meine Beobachtung mehr als nur eine bloße Anekdote war: Zwischen 25 und 40 Prozent aller Schulkinder, viele davon nicht getauft (42,1 Prozent für Thüringen)*, nahmen am evangelischen und in geringerem Maße am katholischen Religionsunterricht teil. Unter Berücksichtigung der zwei Schulen in kirchlicher Trägerschaft der Stadt waren es insgesamt 44,7 Prozent, die Religion und nicht Ethik gewählt hatten. Angesichts des allgemeinen Diskurses und der Fachliteratur zur Religion in Ostdeutschland ist diese Zahl erstaunlich.

* Wermke (2006), S. 19.

Es stellte sich heraus, dass es schwierig war, darüber zu reden. Bevor ich einen Satz beenden konnte, wurde ich von meinen Gesprächspartner*innen partout unterbrochen: „Barbara, Barbara, es heißt nicht, dass die Kinder oder ihre Eltern religiös oder gläubig sind", wurde mir allenthalben beteuert.

„Ja, ich weiß."

Ich fragte also Erfurter Eltern zu den Motiven der Teilnahme ihrer Kinder am Religions- oder Ethikunterricht. Sie gaben Antworten wie: „Die Lehrerin ist nett", „Die Freundin unserer Tochter macht mit" oder „Religion ist Allgemeinkulturgut".* Es gab durchaus auch Menschen, die dezidiert gegen den Religionsunterricht waren, aber diese Tatsache – sowie die Vielfalt von Begründungen – soll nicht darüber hinwegtäuschen: Der Religionsunterricht hat eine gewisse Anziehungskraft.

* Der Religionsunterricht – protestantisch, katholisch und jüdisch – wurde in den Jahren 1991 und 1992 als Wahlfach in Thüringens öffentlichen Schulen eingeführt.

Obwohl oder gerade weil das beobachtete Detail ärgerte und niemand darüber sprechen wollte, machte ich mich auf die Suche nach Erklärungen für den unerwarteten Erfolg des Religionsunterrichtes, auch bei Familien, deren Kinder nicht getauft waren. Beim näheren Hinschauen lieferte die Erfurter Schulstatistik auch einige andere Indizien. Es gibt zum Beispiel eine höhere Anzahl von Kindern in Gymnasien, die am Religionsunterricht teilnehmen, als in Regelschulen. Diese höhere Zahl gilt auch für die Musikklassen im Vergleich zu regulären Klassen, und für gut situierte Wohnviertel der Stadt und deren Umgebung – auch bei Regelschulen – im Gegensatz zu Vierteln, die für weniger attraktiv gehalten werden.*

* TMBWK (2013).

Über das beobachtete Detail schrieb ich einen Text: „Heimlich verheiratet. Religion und Bürgertum im Osten Deutschlands". Darin stellte ich die Hypothese auf, dass die Teilnahme am Religionsunterricht mit einem – meistens unreflektierten – Verlangen der „guten Gesellschaft" anzugehören, im Zusammenhang stand. Mein Text stellte nicht den säkularen Charakter Ostdeutschlands infrage, behandelte nicht Religion *per se* und bezog sich nur auf Erfurt, die „Stadt der Kirchen und Türme". Meine Gesprächspartner redeten zwar selbst nicht so darüber, aber sie fanden es – so formuliert – einleuchtend und zeigten sich gesprächswillig.

Nach Veröffentlichung des Textes bekam ich Zuschriften. Ein mir bekannter Theologe schrieb:

*Liebe Frau Thériault, soeben habe ich Ihren Text über die „heimliche Vermählung“ zwischen Bürgertum und Religion gelesen. Das ist richtig und zwar so offensichtlich, dass es mir kaum aufgefallen wäre. Ihr Text bestätigt einen Verdacht, der mir kam [...]. Statistisch habe ich das nie überprüft.*

**II/2017**

Der Text war von 2014. Von meiner eigenen These, der heimlichen Vermählung zwischen Religion und Bürgertum inzwischen gelangweilt, war ich bei journalistischen Recherchen auf andere Themen gestoßen. So habe ich Texte über eine Sauna, Bars mit exotischen Namen und karierte Hemden in Erfurt verfasst. Als ich etwas über Sinnliches erfahren wollte, fragte ich meine Gesprächspartner*innen über Tattoos und mögliche Inschriften. Und dennoch habe ich, ich weiß nicht mehr warum, in 2017 einen zweiten Blick in die Schulstatistik geworfen.

Seit dem Schuljahr 2012/2013 hatte sich nichts geändert. Während ich eine leichte, aber anhaltende Zunahme der Teilnahme am schulischen Religionsunterricht bei einer Abnahme des Ethikunterrichts zwischen den Schuljahren 2007/2008 und 2012/2013 verzeichnete, zeigte sich das Jahr 2016/2017 stabil, zumindest statistisch.* Diskursiv bemerkte ich jedoch eine Veränderung.

* TMBJS (2018).

2017 traf ich ein Paar wieder, dass ich im Rahmen der Recherche zum ersten Text kennengelernt hatte. Ich wusste, dass ihre ältere Tochter einige Jahren zuvor an der Jugendweihe teilgenommen hatte.*

* Die Jugendweihe ist eine Feier, die 1954 (wieder-)eingeführt worden ist, als Konkurrenz zur Konfirmation und Firmung. Sie ist in Erfurt noch sehr beliebt.

„Machen Eure Zwillinge dieses Jahr Jugendweihe?", fragte ich etwas routinemäßig, um das Gespräch in Gang zu bringen.

„Nein. Sie machen die Lebenswende", antwortete die Frau mit einer Selbstverständlichkeit, die mich verblüffte. Es war die säkulare „DDR-Familie" unter meinen Befragten. Charakteristisch für sie war die Nähe zum Leistungssport, eine teilweise positive Einstellung zur DDR und keine biografische Verbindung zur Kirche.

„Die katholische Jugendfeier im Dom für konfessionslose Jugendliche?", erkundigte ich mich.

„Nor, wir kommen gerade von einem Elternabend zur Lebenswende auf dem Domberg", antwortete der Mann.

Als die beiden mir von der Lebenswende erzählten, betonten sie den Bezug zur Stadt und den Dom als Kulisse. Sie dozierten ein bisschen über die Gloriosa, die Glocke im Dom, und erinnerten sich, dass die Kinder sie mal bei einem Ausflug im Kindergarten besichtigt hatten. Das Paar identifizierte sich mit dem konfessionellen – aber nicht spezifischem – Erbe der Stadt, als Bürger der Stadt. Das ging mir durch den Kopf, als mich beide stolz durch ihr schmuckes restauriertes Haus in der historischen Altstadt führten.

Nach dieser Begegnung vernahm ich immer wieder leise, aber deutliche Töne bei Gesprächen: Eltern deren Kinder an der Lebenswende teilgenommen hatten, aber nicht am schulischen Religionsunterricht, erwähnten zum Beispiel, dass sie ihre jüngeren Sprösslinge bei beidem anmelden würden. Von Atheismus oder Konfessionslosigkeit war fortan weniger die Rede. Etwas hatte sich geändert.

Ja, ich weiß. Es heißt nicht, dass die Kinder oder ihre Eltern religiös oder gar gläubig geworden waren. Die Kirchenmitgliedschaft sinkt eh weiterhin.* Diesmal spürte anscheinend niemand Druck, es zu beteuern.

Ich schrieb also einen zweiten Text. Darin zeigte ich, am Beispiel des Paares, wie Menschen in Erfurt sich verbürgerlichen. Zeichen war beispielsweise die Bewegung gen Zentrum der Stadt, eine Entwicklung, die sich seit Jahren abzeichnete. Man sieht es an den restaurierten Häusern in der inzwischen fast lückenlosen Altstadt, die sich so sehr unterscheidet von alternden oder sterbenden Städten des Landes, wovon es einige gibt. Obwohl die Stadt mehr Kirchenmitglieder verzeichnet als andere Teile Thüringens – eine dynamische katholische Minderheit sowie einige aktive protestantische Gemeinden –, ist das Interesse am Kirchenangebot bei konfessionslosen Familien erstaunlich. Es scheint aber heute so selbstver-

* 2012 waren 31,6 Prozent der Bevölkerung Thüringens Mitglied der protestantischen oder der katholischen Kirche (EKD 2014, 8). 2016 waren es 30 Prozent.

ständlich zu sein, dass es langweilig zu werden droht.*

* Die katholische Kirche hat diese Verbürgerlichung erfolgreich erkannt – der Jugendweihe-Verein ebenfalls. Während der Zeremonie und bei der Werbung für sein Angebot betont Letzterer die Nähe zur Stadt, zu ihrer Geschichte und ihren Orten. Es wirkt jedoch nicht ganz so chic wie bei der Kirche mit ihrem imposanten Dom.

Nachdem ich den zweiten Text verfasst hatte, antwortete ich dem Theologen. Zuerst bedankte ich mich für die Zuschrift, dann schrieb ich:

*Ich habe bemerkt, dass Sie sich in Ihrer Mail als Theologe und Priester bezeichnen. Ich wusste zwar, dass Sie Theologe und Philosoph sind, muss aber zugeben, dass ich nicht wusste, dass Sie auch Priester sind. Ich kann mich nicht entsinnen, dass Sie es bei unserer früheren Zusammenarbeit je erwähnt hätten. Natürlich müssten Sie es nicht sagen und ich kann mich sowieso täuschen. Vielleicht lässt aber Ihre doppelte Identifikation darauf hindeuten, dass es heute einfacher ist, über Religion zu reden als damals, vor 18 Jahren.*

**„Le charme discret de l'enseignement religieux. Compte-rendu en deux temps d'une ville d'Allemagne de l'Est", Théologiques, 27(1), 2019, S. 109–117**

---

# Soziologie der Bodenständigkeit

# Karierte Hemden

Man findet sie überall, die karierten Hemden: am Bahnsteig, im Zug, entlang der Einkaufsstraße, im Büro. Sie sind so allgegenwärtig, dass die Gefahr besteht, sie einfach zu übersehen. Vertikal gestreifte – so habe ich mir sagen lassen – machen grösser und schlanker; horizontal gestreifte machen dagegen dick. So gesehen müssen karierte Hemden einen neutralisierenden Effekt haben: Sie machen weder zu groß, noch zu klein, weder zu dick und noch zu dünn. Völlig normal sind sie. Einem Spion wäre zu raten, eins zu tragen.

Karierte Hemden gehören – zusammen mit den Jeans, mit denen sie oft einhergehen – sozusagen zur Mitte der Gesellschaft. Es ist nicht so, als wären sie intolerant und „kleinkariert"; als würden sie keine Vielfalt zulassen. Nein. Immerhin gibt es Karos in allen möglichen Farben und Größen. Manche Exemplare sind mit einem oder zwei Täschchen bestückt und werden über ein T-Shirt oder unter einer Weste getragen. Neulich habe ich sogar eins mit Kapuze gesehen und ein anderes sah ziemlich weiblich aus. Bei aller Vielfalt haben sie aber keine langen Ärmel oder ganz kleine Karos; nein, das sind die Anzüge und man findet sie woanders.

Karierte Hemden sind sauber, sie dominieren den Alltag und meiden feierliche Anlässe. Sie sind hilfsbereit. Eins hat mir neulich im Zug nach Erfurt geholfen, meinen Koffer in das Ablagefach zu stellen. Sie sind verheiratet oder leben in festen Partnerschaften: „Wo sind eure Frauen?“, fragte die Kellnerin eines Restaurants am Wenigemarkt zwei karierte Hemden. Bei diesem Anblick war ihr wohl sofort klar, dass die beiden in Partnerschaften leben. Vielleicht besitzt sie auch ein ähnliches Exemplar zu Hause.

⁂

Ich habe Erfurter zu ihren Einstellungen zum Lebensstil gefragt („was heißt gut zu essen?“, „was heißt gut gekleidet zu sein?“) und „bodenständig“ scheint ihr Lieblingswort zu sein („der Freund unserer Tochter ist bodenständig“, „die Küche in Erfurt ist bodenständig“, „früher waren die ‚Stars‘ bodenständiger“). Zusammen mit einer polnischen Kollegin versuchte ich das Wort „bodenständig“ zu übersetzen. Weil es das Wort in anderen Sprachen nicht gibt, erwies sich dessen Übersetzung als eine unglaublich schwierige Aufgabe. Partout schien es, als ob alle Synonyme nicht das Wesentliche trafen: Sie sollten nicht negativ klingen, sondern etwas ethisch Gutes beschreiben: ein Ausdruck des Maßhaltens – nicht zu viel (üppig essen, ausschweifend leben, sich extravagant kleiden) und nicht zu wenig (ungepflegt sein, sich gehen lassen). Seit ich es wahrnehme, weiß ich: Das karierte Hemd verkörpert die Bodenständigkeit. Wo es sie in Vielzahl gibt, wie zum Beispiel in Polen und anderen europäischen Ländern, liefert es auch ein gutes Bild der Bodenständigkeit. In den USA und Kanada, wo karierte Hemden eine andere Bedeutung haben, treten sie als solche zugegebenermaßen weniger auf …

Kann sein, dass die karierten Hemden ein ähnliches Schicksal erfahren, wie einst die berühmten Sandalen, die nun bekanntlich vom Aussterben bedroht sind. Bis dahin aber dominieren sie das Bild der hiesigen mittleren und kleineren Städte und deren Schaufenster, insbesondere im Sommer.

„Karierte Hemden – Inbegriff der Bodenständigkeit", Thüringer Allgemeine, 11. August 2017, S. 4

# #bodenständig

Auf Twitter und Tinder findet man sie: die Bodenständigkeit – unter #bodenständig. Auf Twitter oft mit Fußball verbunden. Und P. aus Leipzig fand C. aus Erfurt auf Tinder. Sie schrieb, sie sei bodenständig, was P. wohl neugierig machte. Zusammen sind sie aber nicht.

Bei Instagram taucht sie bei den Lieblingsthemen auf: Essen (Soljanka, Eier in Senfsoße, Kartoffelpüree); Autos (VW, Opel); Personen (vor allem Sportler, Lukas Podolski zum Beispiel, aber nicht Christiano Ronaldo); Lebensmaxime („richtig gut heißt nicht nur Mittelmaß, es heißt eigentlich perfekt in der Sprache des Bodenständigen, der durch sein Urteil nicht zu viel versprechen will").

Die Instagram-Definition von bodenständig aus der Sportwelt („Menschen, die zwar reich und bekannt sind, aber doch die gleichen geblieben sind") lässt sich vermutlich auch auf andereBereiche übertragen: „gebildet, aber nicht eingebildet" (Wissenschaft); „reich, aber nicht verschwenderisch" (Wirtschaft).

bisher unveröffentlicht

# Bäckerei am Domplatz

*Als ich gefragt wurde, in der Samstagsreihe „Lieblingsorte“ der Thüringer Allgemeinen zu schreiben, entschied ich mich, die Zeitung selbst zu befragen. Sie wählte eine Bäckerei am Domplatz, deren Name ihr nicht bekannt war, aber wo sie sich öfter aufhält.*

In der Bäckerei hantieren Verkäuferinnen mit rötlich gefärbten Kurzhaarfrisuren. Ein Vater mit Kinderwagen bestellt ein Brot, eine berufstätige Frau holt sich schnell ein Käsebrötchen, eine zweite Frau mit Rollator quetscht sich in die Menge. Es geht flott zu, betriebsam, freundlich, aber nicht übermäßig freundlich.

Wir gehen an der Theke vorbei. Das Publikum vorne scheint nicht zu ahnen, was sich hinten alles verbirgt. Über eine Rampe, die an eine Kegelbahn erinnert, betreten wir einen Raum am Ende eines Korridors. Was dunkel sein könnte, wird durch einen Lichtschacht erhellt. Die Zeitung spricht vom „Leseraum“, vielleicht weil der Ort sich ein bisschen wie ein Wiener Café gibt. Dort kann man gut lesen und reden, „auch weil es kein Internet gibt", füge ich hinzu, aber sie schenkt meinem Kommentar keine Beachtung.

Die Gäste hinten im Leseraum sind im Schnitt älter als die vorne an der Theke. Viele sind jeden Tag da. Man kennt sich, zugleich gibt es eine gewisse Anonymität. Ein Touristenpaar oder eine Frau mit Notizbuch werden nicht gefragt, wer sie sind und was sie hier tun. Draußen in der Siedlung, wo die Zeitung mitunter in einer Bar verkehrt, wäre es anders.

„Was machen Sie, wenn Sie in der Bäckerei sind?"

„Ich liege da und mache die Runde. Ich verbinde die Außen- und Innenwelt."

Die Zeitung hat Einblick in Politik und Wirtschaft, beinhaltet einige Nachrichten aus Übersee, aber das Lokale ist ihr Revier. „Ich sage mal so, ich vermittle ein Gefühl von Heimat. Ich predige nicht, obwohl ich einiges über Kirchen berichte. Ich sei beinah eine ‚Kirchenzeitung', habe ich schon mal gehört." Die Zeitung vernimmt Gespräche, Atmosphären, Gemütslagen.

Wir sitzen allein an einem großen Tisch. Eigentlich ist das der Stammtisch einer Herrengesellschaft, die sich – es stellt sich später heraus – täglich gegen 10 Uhr trifft. Ein Blick auf die Zeitung und schon geht es mit der Meckerei los. „Ich mag nicht immer, was die Männer sagen, vor allem über mich. Sie tun so, als ob ich es nicht hören könnte, als ob sie meine Gegenwart nicht bemerkten", berichtet sie.

„Meinen Sie nicht“, frage ich, „dass diese Kommentare so viel bedeuten wie ein routinemäßiges ‚wie geht’s?‘ So wie bei den Amerikanern, wenn sie ein Gespräch einleiten?“ „Mag schon sein“, wehrt die Zeitung meine Frage etwas ab. „Ich bin im Grunde wie Angela Merkel: nicht allzu empfindlich.“

„Früher“ gab es sie auch schon, sagt eine alte Frau, die sich soeben über die Rampe in den „Leseraum“ begab, über die Männerrunde. Sie schaut auf das Horoskop, Steinbock ist sie. „Sie prüft auch, ob sie drinnen ist“, erklärt die Zeitung. „Ich habe sie schon mal abgebildet. Das mache ich manchmal. Die Leute freuen sich, das macht sie irgendwie glücklich, stolz.“

Von meinem Nicken angespornt fängt die Zeitung an, zu philosophieren: „Schauen Sie mal, es ist wie bei den Fotos an der Wand. Sehen Sie sie? Nein, nicht da. Genau, da, das ist der Wilhelmsplatz, heute Domplatz. Ich bringe Vergangenheit und Gegenwart zusammen. Ich zeichne sozusagen das Gesicht der Zeit.“

Es ist 11 Uhr. Mehrmals wurde die Zeitung schon auseinandergenommen. Sie bedient mehrere Tische zugleich. Zwei Frauen sitzen zusammen und bereden Termine. „Sie sind von der Stadtverwaltung“, werde ich unterrichtet. „Sie lachen mitunter viel und unterhalten sich durchaus über persönliche Dinge.“ Die Frauen werfen kaum einen Blick in die Zeitung; sie landet schnell auf dem nächsten Tisch.

„Sie sagten vorhin, dass Sie ein Heimatgefühl vermitteln. Im welchem Auftrag machen sie das?“ Weil sie nicht zu antworten weiß, stelle ich schnell eine andere Frage: „Was schätzen Sie an dieser Bäckerei?“ „Ich weiß nicht recht“, antwortet sie. „Irgendwie zieht es mich hierher. Nebenan ist ein angesagtes Café – das „Café der Boheme“, denke ich mir immer. Da bin ich auch ab und zu, mal allein, mal mit einer größeren Zeitung aus München oder Hamburg zusammen, bin aber gern in der hiesigen Bäckerei. Es ist ein guter Platz zum Arbeiten: behaglich, irgendwie bodenständig. Finden Sie nicht?“

Bevor ich erwidern kann, führt die Zeitung mit ernster Miene fort: „Sie fragten, was ich hier tue? Ich bringe die Leute ins Gespräch und damit zusammen. Dabei vergessen sie mich. Es soll mir recht sein. Wie gesagt, ich lausche ihren Gesprächen und gebe sie wieder, hin und her, Tag für Tag. Dabei nehme ich kleine Veränderungen auf: Die Themen bewegen sich, der Kaffee schmeckt europäischer, das Frühstück amerikanischer. Und wenn ich es so sagen kann, ich trage auch zu diesen Veränderungen bei.“

Am Ende unseres Gespräches wird die Zeitung wiederzusammengestellt – sie „reißt sich zusammen“, wie sie augenzwinkernd sagt – und wird von einer der Frauen mit rötlichen Haaren nach vorne getragen.

„Lieblingsorte: Eine Bäckerei am Domplatz“, Thüringer Allgemeine, 27. Januar 2018, S. 3

# Kurze Haare

*Die Frauen haben es ja von Zeit zu Zeit auch nicht leicht. Wir Männer aber müssen uns rasieren.* Tucholsky 1930

Wann werden eigentlich Frauenhaare kürzer? Das habe ich mich oft gefragt. Weniger vorsichtig und anders formuliert: „Ab wann wird man eine alte Frau?“ Denn wenn man sich eine alte Frau vorstellt, trägt sie stets kurzes und – mehr oder weniger – gewelltes Haar, nicht wahr?

Lange trieb mich dieser Moment um, an dem das Alter mit seinen Erscheinungsformen eintritt. Neulich habe ich es verstanden, sozusagen auf meine eigenen Kosten. Als ich mir das diesjährige Familienporträt, das traditionsgemäß zu Weihnachten gemacht wird, anschaute, sah ich, was nun offensichtlich war: Es kommt ganz von allein. Meine Schwester und ihre Partnerin – beide ein Jahr jünger als ich – tragen die gleiche Haarlänge wie ich. Es sieht so aus, als ob wir – zusammen mit meiner Mutter – das hundertjährige Jubiläum des Bubikopfes zelebrieren wollen würden.

Das Thema Haarlänge habe ich hin und wieder bei Friseur*innen angesprochen. Nach ihrer Meinung gefragt, zeigten sich die Haarspezialist*innen praktisch: Kurze Frisuren sind einfacher, leichter zu pflegen, vor allem wenn das Haar dünn ist. Als Soziologin stehe ich allzu viel Pragmatismus jedoch skeptisch gegenüber. Vielmehr vermute ich, dass sich der Prozess unter stillschweigender Vereinbarung zwischen Kundinnen und Friseur*innen vollzieht, vorangetrieben von dem, was Letztere – ohne groß darüber nachzudenken – für richtig halten. Schnipp, schnapp. Mit jedem neuen Termin, ein bisschen kürzer.

Eine meiner Kolleginnen in Montreal hat es wohl schon vor mir verstanden. Sie trägt momentan schulterlang.

⁂

Die meisten Frauen, mit denen ich in Erfurt zu tun habe, sind um die Mitte vierzig. Sie verstoßen gegen die beobachtete Regel, die doch jenseits von Modeerscheinungen zu gelten scheint: Wo in der Politik Andreas Nahles nun kinnlang tragt und Ursula von der Leyen als kurz betrachtet werden kann, tragen sie lang – schulterlang. Ausnahmen gibt es immer. Eine Freundin, mit der ich eine gemeinsame Friseurin teile, erzählt von einer Bekannten, die mit Anfang 50 ganz kurz ging: „Es stand ihr! Ich fand's extrem mutig.“ In der Politik fällt einem Petra Pau ein.

Sei es, dass sie länger jung aussehen wollen; dass sie sich – wie meine Montrealer Kollegin – einer Regel widersetzen wollen;

dass sie sich unbewusst von anderen Frauen, „den Frauen vom Dorf oder den Verkäuferinnen in der Bäckerei“ distanzieren; oder dass sie es einfach vernachlässigt haben, ihren Look ihrem Alter anzupassen: Diese Erfurter Frauen tendieren später als anderswo dazu, die Grenze des Alters zu setzen.

„Du trägst deine Haare lang“, kommentierte ich zu der bereits erwähnten Freundin, als wir beim Thema gelandet waren.

„Ja, kurz habe ich nie gehabt, ich war nie mutig genug. Ich hab' den gleichen Schnitt seit 30 Jahren. Eine Bekannte meint übrigens“, sagte sie etwas frech, „lange Haare sind ein Sexsymbol, wenn sie gepflegt sind.“

Aus dem Gespräch kann man Mut schöpfen: Es zeugt vom elastischen Verständnis des mittleren Alters. Wir beide sind nicht so weit. Wir haben geschätzt bis 55 Zeit, bevor wir uns zum Alter bekennen. „Ab 55 machen es sich die Frauen leichter“, sagte meine Freundin, die sich der Rhetorik des Pragmatismus bediente. Sollte davor eine kurze Frisur gewagt werden, weiß man Bescheid: „Es hat sich was Privates geändert.“ Kurze Frisuren werden als ein neuer Lebensabschnitt gedeutet, der mitunter auch durch eine neue Brille eingeläutet wird.

⁂

Dass das Thema mir wieder einfällt, liegt daran, dass ich heute einen Friseurtermin in Montreal habe. „Kathrin, unsere Friseurin schneidet nie zu viel, deshalb geh ich zu ihr“, meinte die Freundin, als ob sie in der Werbebranche tätig wäre. Ich werde meinen Friseur darum bitten, bei der Länge nicht zu mutig zu sein, dafür aber mit dem Schnitt – denn Kathrin, unsere Erfurter Friseurin macht oft aus der Abstufung im Nacken einen geraden Schnitt.

bisher unveröffentlicht

# Jugendweihe im Kaisersaal

Es war eine Jugendweihe wie viele andere auch: Es gab den Einzug der jungen Teilnehmer*innen in den Kaisersaal, die Festansprache, die feierliche Gratulation mit der Übergabe von Urkunden und am Ende den Auszug. Vorne waren die jungen Menschen mit langen Kleidern, Sakkos und Fliegen, mal festlich gekleidet, mal lässig schick in Jeans und Sneakers und der Hand in der Hosentasche. Die Garderobe kannte man aus den Vitrinen der Läden der Stadt, und man wurde daran erinnert, dass freie Schultern in diesem Jahr in Mode sind. Auf dem Parkett, weiter hinten, hatten die fein angezogenen Eltern Platz genommen. Oben, auf dem Balkon, hatte so manch ein Vater, eine Mutter oder ein Freund über die Alltagskleidung einen Blazer geworfen oder ihre Tattoos als modisches Accessoire zur Schau gestellt.

Thao war da, auf dem Parkett, in der ersten Reihe. Sie trug ein elegantes beiges Kleid und mittlere Absätze. Ich hatte sie zusammen mit anderen Jugendlichen vietnamesischer Herkunft im Laufe der vergangenen Wochen zu ihrer Teilnahme an der Jugendweihe interviewt. Da ihre Eltern in den 1980ern in die DDR kamen, gehören Thao und die anderen zur ersten Generation, die am Fest teilnimmt. Das machte sie für mich besonders interessant.

⁂

„Man wird in den ‚Kreis der Erwachsenen' aufgenommen", sagte Thien, ein junger Mann, mit dem ich mich unterhalten habe. Ähnliches kann man in den Informationsbroschüren und in dem Buch nachlesen, das die jungen Menschen als Geschenk zusammen mit ihrer Urkunde bekommen. Der freie Journalist, der an diesem Tag die Festansprache hielt, wurde ebenso wie die Vorsitzende des dortigen Jugendweihe-Vereins nicht müde, diesen Aspekt zu betonen. Von offizieller Seite wird die Jugendweihe stets als Übergangsritual dargestellt.

Während man dem Fest ausdrücklich den universalen Charakter des Übergangsrituals verleiht (und so den ideologischen Charakter der DDR-Zeit in den Hintergrund rückt), herrschte Unsicherheit bei den offiziellen Redner*innen: Die Teilnehmer*innen seien zwar nicht mehr klein, aber auch nicht richtig erwachsen. „Wie soll man sie nennen?", wurde ständig gefragt. Außerdem kam ich nicht umhin, in Thiens Kommentar und seinem Ton einen Hauch von Ironie zu spüren. In einer Sache herrschte jedoch Sicherheit: der Ort des Festes. Die Redner*innen waren bemüht, die Schönheit des Kaisersaals zu Erfurt, die Tradition und Verwurzelung des Rituals in Thüringen sowie seine Bedeutung für die hiesigen Familien zu betonen.

Es war eine Jugendweihe wie viele andere auch. Sie wollte der Zukunft gegenüber optimistisch, zuversichtlich und offen sein. Vielmehr als die Emanzipation der Teilnehmer*innen von Kindern hin zu jungen Erwachsenen unterstrich das Fest jedoch ihre Mitgliedschaft in der Mitte der hiesigen ostdeutschen Gesellschaft: Sie gliederte die jungen Menschen ein, bestätigte die Zugehörigkeit der Älteren und vereinte so die Generationen miteinander.

Gezielt sprach der Hauptredner die drei Generationen an, die im Saal vertreten waren. Mit humorvollen Bezügen zur ostdeutschen Identität („Bei uns im Osten") und zur DDR („die Stasi hätte früher von den Kameras unserer Telefone geträumt") wandte er sich an die Generation der Großeltern. Den Eltern versicherte er, dass alles – trotz bekanntlich schwieriger Zeit – gut gehen werde. Den Kindern machte er Mut, zeigte Verständnis und wünschte ein schönes Leben.

⁂

Die meisten Menschen denken – abgesehen von der Zeremonie und ihrer Vorbereitung – nicht viel über die Jugendweihe nach. Fragt man sie danach, hört man von dem Popeline-Kleid, vom ausgeliehenen Sakko des Bruders, von neuen Schuhen und Blasen an den Füßen. Das tun auch Thao, Thien und die anderen Jugendlichen. Als ich die 19-jährige Hoa fragte, wieso sie an der Jugendweihe teilgenommen habe, antwortete sie: „So ist das halt hier." Für die Eltern Jugendlicher vietnamesischer Herkunft ist die Teilnahme am Fest ein Zeichen dafür, dass sie – und vor allem ihre Kinder – der hiesigen Gesellschaft angehören.

Die Jugendweihe ist in Erfurt so selbstverständlich, dass Hoa sich wunderte, wieso ich sie überhaupt dazu befragen wollte. Als ich die Bedeutung des Festes als ostdeutsches Spezifikum und die umfangreiche Fachliteratur zur Jugendweihe (als eine der wenigen Institutionen, die die DDR-Zeit in den neuen Bundesländern bis heute überlebt hat) erwähnte, leuchteten ihre Augen auf einmal auf: „Ach so, deshalb hat mein Cousin in Gelsenkirchen nicht daran teilgenommen …" Wie den anderen jungen Menschen, mit denen ich sprach, war Hoa der spezifisch ostdeutsche Charakter des Festes unbekannt. Noch so ein Zeichen, dass es hier halt üblich ist.

„Jugendweihe im Kaisersaal",
Thüringer Allgemeine, 18. August 2017, S. 4

# Bodenständige Hexe

Neulich wurde der Esoterik-Verein von Susanne, einer Bekannten, aufgelöst. Jahrelang wirkte der Verein – mit seinen Heilerinnen und Stimmkünstlern, Schamaninnen, Geomantikern und Hellseherinnen – wie eine kleine Insel, ein Asyl in der Stadt, der zugleich Schutz und Geborgenheit bot und von anderen abgrenzte. Bille sei, so erzählte mir Susanne, von Anfang an immer dabei gewesen. Sie habe ein Restaurant auf dem Anger. Sie bringe Leute zusammen, helfe, stelle sie ein. Sie nenne sich die Bratwurst-Hexe und sähe auch ein bisschen so aus.

„Wir können mal hingehen, wenn du willst."

„Klar, wo ist das genau?"

„Da, weißt du, wo die öffentlichen Toiletten sind, zwischen dem Gemüsestand und der Kirche, da wo sich die Flüchtlinge versammeln."

Das Restaurant befindet sich in einem verglasten Flachbau auf der Haupteinkaufsstraße Erfurts. Dort treffen sich Menschen aller sozialen Schichten und unterschiedlichster Herkunft und Straßenbahnen aus allen Himmelsrichtungen. Das Geschäft ist so zentral, dass man es leicht übersieht. Es besteht aus zwei Teilen: vorne eine Bratwurstbude zur Straße hin und ein vegetarisches Restaurant hinten.

Wir nahmen im Restaurant Platz: Es war hell, die Farbe Grün dominierte, Zimmerpflanzen umgaben uns. Die Kundschaft bestand an jenem Tag aus Familien, älteren Gästen mit Mützen, einzelnen Männern mit einem Kaffee oder einem Pils. Dass Letztere nicht aussahen wie die üblichen Kaffeebesucher, wäre mir ohne Susannes Ausführungen nicht aufgefallen. Vielleicht auch nicht der alte Hit – instrumental auf Panflöte – der im Hintergrund lief. Es war auch Susanne, die mich auf ein esoterisches Magazin im Leseaufsteller aufmerksam machte und damit auf das Gesinnungsambiente.

Von der Karte bestellten wir Kartoffelpuffer und panierte Zucchini aus Billes Garten und warteten auf die Chefin.

Heute ziehen soziale Kämpfe nicht über Klassen und große Theorien hinweg; sie spielen sich vielmehr im Alltag ab. So wie beim Thema Fleischessen. Frauen und Männer, die mit mir nicht über Politik reden wollen, behaupten, dass Veganismus eine Ideologie sei. Der doch so lasche, aber polyvalente Tofu ist manchen ein rotes Tuch. Sie können sich furchtbar über ihn aufregen. So werden Konflikte mit erwachsenen Kindern, die in einer Großstadt leben, nicht selten über das Thema Essen ausgetragen. Eine fleischliebende Bekannte engagiert sich ehrenamtlich und kocht für eine soziale Einrichtung, aber vegetarisch oder vegan kocht sie nicht. Das tut sie nicht, aus Prinzip nicht.

Billes Fall ist interessant, weil er auf seine Art so politisch ist. Über Jahre verkaufte sie Bratwürste in einer Bude auf dem Anger. Ihr Traum war es, eines Tages ein vegetarisches Restaurant zu eröffnen. 2008 war es mit dem neuen Gebäude, in dem wir uns gerade befanden, endlich soweit.

„Ich wollte für alle da sein. Ich wollte, dass Paare, bei denen einer Fleisch isst, der andere Vegetarier oder Veganer ist, zu mir kommen", plädiert Bille ökumenisch, als sie mit uns zusammensitzt.

Bei der Fleischfrage stellt sich Bille gegen extreme Positionen: Sie will weder nur Fleisch noch komplett vegan anbieten. Sie verkörpert eine Synthese, die ihre Wurzeln im Lokalen und Vergangenem findet. „Wie die Bauern damals", oder „essen wie bei Oma", das heißt an Wochentagen einfaches, saisonales, fleischloses Essen, am Wochenende einen Braten – das ist ihr Motto.

Ob sie selbst Fleisch esse? „Nur sehr wenig."

Auch wenn das oft übersehen wird: Bei dem Schritt vom Fleisch auf fleischlos – oder zumindest auf weniger Fleisch – handelt es sich um eine Transformation von hoher Bedeutung. Sie ist jedoch noch nicht komplett vollzogen: Noch bestreitet Bille ihren Unterhalt mit dem Verkauf von Bratwürsten, deren Duft in Thüringen Identitätscharakter hat und deshalb auch medienwirksam ist.

Bille verdankt der Bratwurst auch ihren Ruhm. Zeitung und Fernsehen haben mehrmals über sie berichtet. Sie war für die Medien ein gefundenes Fressen: Sie wurde als mittelose, streitlustige, entschlossene, tatkräftige, schlagfertige ostdeutsche Frau porträtiert, die in der lokalen Mundart eine Bratwurstbude samt öffentlicher Toilette betrieb.

Und sie hat bei dem Medienwirbel mitgespielt (wäre es möglich gewesen, sich dagegen zu wehren?), sich selbst als Bratwurst-Hexe ernannt, einen Spitzhut, einen Umhang und Stiefel angezogen, die ihr Markenzeichen wurden. Wenn sie nun in Hemd und Jeans rumläuft, haftet ihr dieses Bild immer noch an.

Wenn sich Politik im Alltag abspielt, hat sie ihre Sprache noch nicht gefunden. Wo Bille parteipolitisch steht, ist eine schwierige Sache. „Es gibt zu viele Parteien* und sie haben alle die gleichen Themen“, behauptete sie. Die Esoterik, ihr Glaube, die Kräuter und ihr soziales Engagement kommen in ihrer oft erzählten und medial verbreiteten Geschichte nicht vor. Nun würde sie sich gerne mit jemanden treffen und die Geschichte in Ruhe erzählen, aufs Band sprechen, für sich einordnen können.

* Ein wiederkehrender Satz auf der Straße. Er ist Ausdruck von Orientierungslosigkeit und Unbehagen Ambivalenzen gegenüber: Man wünscht sich mehr Klarheit, denn man wisse nicht mehr, was „Sache ist“.

Sie hatte schon lange gesprochen. Sie musste aufstehen, schnell in die Küche gehen. Bevor wir das Lokal verließen, kommentierte Susanne: „Im Esoterik-Verein war sie unter Leuten, die schwebten. Sie fiel immer auf." Augenzwinkernd fügte sie hinzu: „Sie ist eine bodenständige Hexe."

bisher unveröffentlicht

# Gelbe Autos (bodenständige Soziologie)

Mein Kollege und Freund von der Universität Leipzig, Thomas Schmidt-Lux, hat einen anregenden Text für eine Sammlung von Feuilletons geschrieben.* Anhand einer Beobachtung und unter dem unscheinbaren Titel „Gelb" stellt er die folgende Frage:

* Schmidt-Lux (2019).

„Wieso gibt es auf Deutschlands Straßen kaum gelbe Autos?"

Er schreibt: „Wenn die aktuelle Theorie zu modernen Gesellschaften zutreffen sollte, streben Individuen heute mehr als je zuvor danach, sich als besonders und einzigartig darzustellen. Nach dem Soziologen Andreas Reckwitz sei unsere moderne Gesellschaft eine *Gesellschaft der Singularitäten*: Eine Gesellschaft, in der wir uns stets von anderen zu unterscheiden bemüht sind."*

* Schmidt-Lux (2019), S. 80, eigene Übersetzung.

Also: Wie lässt sich – angesichts des Strebens nach Singularität, das man zumindest im theoretischen Diskurs findet, eine solche Konformität erklären? Die, in der Präsenz von „unbunten" Autos zum Ausdruck kommende Konformität, findet sich übrigens auch in Erfurt. Dort sind graue Autos am populärsten.*

* „Ich, der Erfurter", *Thüringer Allgemeine*, 16. November 2017.

Wie die Soziologie es zu pflegen tut, ermutigt auch Schmidt-Lux bei der Frage nach der Autofarbe die Antwort jenseits des persönlichen Geschmacks und des Alltagsdiskurses („ich mag Schwarz", „Orange gefällt mir nicht") zu suchen. Nach der „Erwartungserwartung" kaufe man – so Schmidt-Lux, der sich auf den Soziologen Niklas Luhmann bezieht – Autos in diskreten, unauffälligen Farben: „Wenn man ein Auto kauft, muss man den Geschmack der anderen im Kopf behalten. Denn wenn man es ein paar Jahre später wieder verkaufen will, sucht man sich lieber eine Farbe aus, die einem gefällt, aber anderen ebenso. [...] Um es einfacher zu sagen: Man ist besser beraten, eine zu schrille Farbe zu vermeiden und den hübschen türkisfarbenen Volkswagen zum Beispiel nicht zu erwerben, weil er sich später nicht verkaufen würde."*

* Schmidt-Lux (2019), S. 82, eigene Übersetzung.

Nach der Lektüre des Textes schrieb ich dem Autor im Messenger: „Thomas, Du argumentierst bodenständig!", worauf er unmittelbar antwortete: „Stimmt schon, bisschen arg bodenständig, das Argument. Aber nun, was soll man machen?"

bisher unveröffentlicht

Oase (Asyl, veraltet): Ort, der sich von der verbürgerlichten Stadt und dem Ethos der Mäßigung der Mittelschichten unterscheidet; Enklave, wo man sich von Alltagssorgen erholen kann, Zuflucht finden kann. Sinnbild: die Palme. Geborgener, geschützter Bereich, wo Alkohol und Zigaretten oft eine Rolle spielen (Bars in der Alt- und Vorstadt, Saunas, Strände).

# Vom Rand aus gesehen

# Die Karibik-Bar

## Asyl für Lebensbestrafte und andere

Die Karibik ist eine Bar in der Altstadt. Ihr Name erinnert an einen fernen und exotischen Ort. Tritt man hinein, sieht man eine Neonpalme an der Wand. Man spricht zwar nicht spanisch, aber kubanische Musik wird gespielt und bunte Cocktails werden serviert. Abends füllt sich das Lokal dann, das tagsüber gelüftet wird. Es scheint schon seit längerer Zeit beliebt zu sein. Ein mir bekannter Pragmatiker würde sagen, es sei so, weil die Bar bis spät in die frühen Morgenstunden offen habe. Und weil man dort ungestört rauchen könne, möge er hinzufügen. Es gibt Menschen auf Durchreise, die dort einen Absacker trinken und eine Zigarette genießen, wenn sonst alle anderen Bars zu haben. Die Erklärung des Pragmatikers würde jedoch zu kurz greifen, denn die Karibik ist auch eine Zuflucht, ein Asyl.

Das Publikum, mit dem ich ins Gespräch kam, bestand zum großen Teil aus älteren Menschen. Die Bar ist allerdings kein Seniorentreff, wie manch andere Lokale, die man in Neubausiedlungen findet und wo Männer

– zwischendurch auch mal eine Frau – trinken. Hier ist kein Rollator in der Ecke zu sehen und kein Tisch mit Teegläsern bedeckt. Und sowieso macht die Karibik dafür auch zu spät auf.

⁂

Das erste Mal als Andreas, ein Bundeswehr-Offizier, und ich in der Bar waren, saßen wir an einem Tisch. Spät in der Nacht hatten wir hier Zuflucht gefunden. Jemand fragte, ob er sich zu uns setzen dürfe. Er hieß Gerhart (mit t) und war so um die sechzig. Wir tranken Bier. Er erzählte, dass er mehrere Jahre in der Armee gedient habe. Von Frau und Kindern sei er verlassen worden. Nach einem weiteren Bier sprach Andreas ihn auf mögliche Stasi-Verwicklungen an. Es folgte ein Katz-und-Maus-Spiel. Andreas versuchte, Gerhart festzunageln, während Letzterer alles tat, dem Thema auszuweichen.

Während die beiden Männer allmählich in einen Streit gerieten, erinnerte ich mich an meine Studienzeit. Das war lange her, Ende der 1990er, als der alte Siggi noch in seinem unsanierten Haus in der Altstadt wohnte und es nach Braunkohle roch. Damals gab es sie oft, die Auseinandersetzungen zwischen Tätern und Opfern der Stasi. Manchmal, so schien es mir zumindest, hatten sich Täter und Opfer fast gerne gehabt. Aber die Zeit Siggis war lange rum und ich hatte diese Stasi-Geschichten lange nicht mehr gehört. Wo sind die Menschen bloß hin, die sie erzählten? Bestimmt nicht mehr in der Altstadt mit dem bürgerlichen Flair. Vielleicht liegt es ja an mir, dass ich sie nicht mehr höre. Mag sein, dass ich mich an den falschen Orten aufhalte oder dass ich inzwischen zu früh ins Bett gehe.

⁂

Bei meinem zweiten Besuch ging ich zusammen mit einem Bekannten gezielt zur Karibik. Ich hätte Gerhart mit t gerne wiedergesehen und ihn gefragt, wo er wohnt; im Rieth? Wahrscheinlich nicht in der Altstadt, dachte ich mir. Er war nicht da; aber in der Bar bleibt man nicht lange allein. Diesmal gesellte sich Ursula zu uns. Auch sie war nicht mehr die Jüngste. Sie erzählte viel, zum Teil etwas wirr durcheinander: Von Oppositionellen, von ihren vielen Kindern, von einem Kirchentag. Sie erwähnte auch, dass sie ihren Schlüssel erst morgen bekommen würde und dann erst in ihre Wohnung in einer nahgelegenen Stadt kommen könnte.

Ich dachte, dass Ursula obdachlos war und in der Bar eine Bleibe für die Nacht suchte. Einen jungen Mann, der auch dort war, stellte sie uns als ihren Sohn vor.

⁂

Nur wenige von meinen Bekannten wollten mit mir in die Karibik gehen. Es war nicht einfach jemanden zu finden. Wenn man sagt, dass man in der Karibik war, macht der Zuhörer eine ablehnende Handbewegung: Hier sei es gefährlich, die Polizei käme öfter, wird behauptet. Andreas, der Bundeswehr-Offi-

*Man spricht zwar nicht spanisch, aber in der Karibik-Bar gibt es kubanische Musik und bunte Cocktails.*

zier, wollte nicht mehr mit. Er wollte wohl keinen Ärger bekommen.

Als ich das dritte Mal, nur kurz, in der Bar war, tanzte ein älterer Mann und versuchte, die Kellnerin anzumachen. Es kamen auch zwei jüngere Männer rein. Weil sie jeweils nur ein kleines Bier bestellten und sich in die Ecke setzten, tippte mein Begleiter auf dubiose Geschäfte, bei denen man besser aufmerksam, also nicht betrunken sein sollte.

⁂

Nicht weil ich betrunken gewesen wäre, aber mir war nicht klar, was sich alles in der Bar abspielte. Ich weiß nicht, ob Gerhart mit t tatsächlich bei der Stasi gearbeitet hat. Vielleicht war Ursula nicht obdachlos und der junge Mann, der sie begleitete, war nicht ihr Sohn, sondern der Betreuer einer leicht dementen Frau. Ob die zwei Männer, die ihren Alkoholkonsum beschränkten, dubiose Geschäfte machten oder auf ihre Linie aufpassten, weiß ich auch nicht. Egal, wie viel Glauben man den Worten der sich dort versammelten Menschen und den Beobachtungen über sie schenken kann, ist eins klar: Sie schienen vom Leben bestraft zu sein.

Was suchen sie in der Karibik? Wärme, Menschen zum Reden und natürlich auch einen Drink. Ein Feuilletonist der 1920er und 1930er, der sich für Nachtlokale mit exotischen Namen und ihr Publikum interessierte, schrieb: „Da das Schlechte so nahe liegt, wird das Gute in exotischen Gegenden gesucht, dort, wo die Kokosnüsse gedeihen […] und niemand etwas von Arbeitslosigkeit weiß […].“* Die Karibik ist eine solche Gegend, eine kleine Oase, wo Alltagsprobleme vorübergehend beiseitegelegt werden.

Und was suchte ich in der Bar? Ich war durstig nach Erfahrungen jenseits der Bürgerlichkeit der Altstadt und fand dort auch für einen Moment Asyl. Mir scheint, als ob

* Kracauer (2011 [1930]), S. 350.

sich die Karibik ihren Namen doppelt verdient hätte: Sie ist ein Asyl für Durchreisende und für die, die vom Leben bestraft sind, und – möge man sich dort gerne aufhalten oder nicht – sie ist zu einer exotischen Insel in der sonst komplett sanierten Altstadt Erfurts geworden.

**„Die Karibik: Asyl für Lebensbestrafte", Thüringer Allgemeine, 4. August 2017, S. 4**

# Wahlkampfhitze in der Sauna

„Wollen Sie ein Glas Sekt trinken?", fragte ein Mann unbestimmten Alters, der neben mir in einer Erfurter Eisdiele saß. „Gerne, einen trockenen, bitte." Rolf ist, so stellte es sich schnell heraus, Saunabetreiber in Erfurt und isst gerne Maracuja-Eis. Wir unterhielten uns über „früher", das Saunageschäft, Politik und Schicksalsschläge.

⁂

Einige Wochen später suchte ich mir die Adresse der Sauna im Internet heraus und fuhr mit der Straßenbahn dorthin. Ich wollte mich aufwärmen und etwas Kluges schreiben, zum Nacktsein. Das Thema behandele ich manchmal in meiner Vorlesung zur Einführung in die Soziologie in Montreal; es kommt bei Studierenden gut an. Dazu gibt es Untersuchungen. Soziologen haben zum Beispiel Urlauber an französischen Stränden gefragt, was sie von „oben ohne" halten. Stets kommt die gleiche Antwort: „Alle machen, was sie wollen."

In Deutschland sind FKK und Saunen verbreitet, was meine Student*innen neugierig macht. Wie sie bin ich mit dieser Kultur nicht großgeworden und werde in Deutschland diesbezüglich immer wieder belehrt: Man solle dem Nacktsein frönen, um nicht zu vergessen, dass wir alle gleich sind. Hierzulande bedeutet das Nacktsein wohl mehr als woanders; es ist eine Art moralisches Gebot. Es sei, so sagt man mir, völlig normal, naturell, asexuell. Ich verstehe, dass ich mich nicht genieren sollte, aber manchmal frage ich mich schon, wieso manche Männer bei aller Nacktheit ihre Brille anbehalten.

Soziolog*innen zerstören gerne Illusionen. Sie zeigen, dass Dinge nicht so sind, wie man denkt. Und so ist es auch bei der französischen „Oben-ohne"-Studie. Entgegen dem, was allenthalben beteuert wird: Nicht jede tut, was sie will. Nur Frauen mit einem Busen, der weder zu groß noch zu klein ist und nicht zu sehr hängt, dürfen eigentlich ungehindert und sorglos am Strand spazieren. Es mag in Deutschland – und bei Ganzkörpernacktheit – anders sein, aber dennoch: Sind Menschen wirklich alle gleich? Es scheint mir, als gäbe es viele Arten von Nacktheit, die diese Idee infrage stellten: rasiert oder nicht, muskulös oder nicht, gebräunt oder nicht, mit oder ohne Tattoos.

Die Liebe zur Nacktheit in Deutschland hat eine lange Geschichte, dafür gibt es auch eine ideologische Grundlage. In einem Buch zur Naturheilkunde aus dem Jahre 1896 (*Kehrt zur Natur zurück!*) fand ich eine interessante Formel: „Bei Gebrauch der Kuhnekur [ein

Reibesitzbad, das nackt genommen wurde] empfindet man […] bald sogar einen ganz auffälligen Abscheu vor jeder Unsittlichkeit, aber in demselben Masse verschwindet auch in der That die Prüderie."*

* Just (1896), S. 26.

Über genau sowas Schlaues wollte ich schreiben, aber – wie so oft – fand ich vor Ort etwas anderes vor. Und überhaupt: Wenn man selbst da ist, kann man die Nacktheit nicht beobachten, es sei denn, man verstößt gegen die Regeln des Saunierens.

⁂

Als ich bei Rolfs Sauna ankam, merkte ich, dass ich zu früh war. Außerdem war ich mir nicht mehr ganz so sicher, ob ich allein hingehen wollte. Es war keine übliche Saunalandschaft mit Erlebnisbad, sondern eine kleine Einrichtung im Keller eines privaten Hauses. Also ging ich erstmal auf einer naheliegenden Terrasse etwas trinken. Dort machte ich Bekanntschaft mit Christian und Michael, zwei angenehme pensionierte Männer aus der Mitte der Gesellschaft.

Christian und ich bestellten ein Bier und Michael ein Herrengedeck. Sie dozierten über die Stadt- und Landespolitik und die SPD. „Seh'n Se mal, die Sache mit den Flüchtlingen war gut", sagte Christian. „Uns geht es gut. Die Wirtschaftslage ist gut, Arbeitslosigkeit gibt es kaum." „Würden Sie mich fragen, was ich von der Partei halte", fiel ihm Michael ins Wort, „müsste ich über Willy Brandt …" „Man muss in die Forschung und Bildung investieren. Es fehlt an Geld für Schulen in Thüringen." Genau. Stimmt. Prost. Man wusste, was Sache ist.

Nach einer Weile erkundigte sich einer der beiden, was ich hier eigentlich mache. Ich erzählte von der Sauna und fragte, ob ich hingehen sollte. Michael war damals, bei einem der früheren Besitzer, oftmals da. Mit einer Handbewegung machte er eine vage Andeutung, als ob der Ort eigenartig sei, und es war nicht ganz klar, ob es ihm dabei um Sittlichkeit oder Gesinnung ging. Dem entgegnete Christian: „Gehen Sie ruhig hin, so ist es bestimmt nicht."

⁂

Rolf, der Saunabetreiber, erkannte mich auf den ersten Blick. Freundlich zeigte er mir die überschaubare Anlage. Ich machte einen Saunagang, besuchte den Ruhebereich im Hof und las einen Artikel über Tattoos in einem Klatschmagazin. In der Saunagaststätte unterhielten sich Gäste im Bademantel beim Bier – den Naturheilkundlern fiel es scheinbar schon immer schwer, das Bier zu verbannen. Es herrscht Wahlkampfhitze. Und auch hier wusste man Bescheid.

Schon bei unserem ersten Treffen hatte Rolf mich auf dem Laufenden über die politische Linie der Saunagesellschaft gehalten: Griechenland war Thema in 2015, dann Flüchtlinge; jetzt ist Merkel dran. „Und Trump auch?", fragte ich. „Ja, schon, aber nicht negativ." Rolf fuhr fort: „Die Leute hier, oft Rentner, sind unzufrieden." „Wieso?" „Die da oben machen, was sie wollen." „Wo oben?" „In Berlin." „Ach so" … „Es gibt zu viele Parteien." Was heißt das? Ach, für Politik interessiere er sich nicht, das betonte Rolf mehrfach, auch dass er nie gewählt habe. Und in Sachen Philosophie und Soziologie kenne er sich nicht aus, er könne aber über sein Fach – die Naturheilkunde – stundenlang reden, tat es aber diesmal nicht.

Vielleicht kann man an dieser Stelle Gebrauch von einer zweiten Formel machen: Wenn sich die Liebe zur Nacktheit beim Saunieren in der Tat sittlich verhält – es steht einem frei, in die Sauna zu gehen oder nicht („alle machen, was sie wollen") –, so verläuft an diesem Ort die Haltung zur Politik manchmal ganz ungeniert und ohne Prüderie.

Und wie steht der Naturheilkundler dazu? Er winkt ab und wirkt resigniert: In der Sauna wird Politik mehr ausgeschwitzt als reflektiert.

⁂

Ich hatte mich zwar aufgewärmt, ganz entspannt war ich jedoch nicht. Anstatt über Nacktheit nachzudenken, redeten wir alle bloß daher. Und es war wieder so ein Tag, dachte ich mir: Ich fühlte mich wie ein Schlaumeier unter Schlaumeiern.

**„Wahlkampfhitze in der Sauna",**
**Thüringer Allgemeine, 1. September 2017, S. 4**

# Exil von der Mitte

Ich saß an der Theke in einer Bar in der Neubausiedlung im Norden Erfurts und trank dünnen Kaffee. Die Uhr zeigte 11 an. Im Radio wurde „Zombie“ von The Cranberries gespielt. Im dem verrauchten Raum gab es einen Spiegel, Bilder an der Wand, Tische und einen Spielautomaten, der gerade repariert wurde.

Der Tag meines Besuches war beliebig. Es ist aber egal, denn hier sitzt vermutlich jeden Wochentag das gleiche Publikum. Zu meiner Linken tranken zwei Männer Bier, Korn und Alkohol aus Fläschchen und knabberten dazu Salzstangen. Am Stammtisch hatte eine Gesellschaft ehemaliger Volkspolizisten Platz genommen, schlürfte Tee und plauderte etwas zusammenhangslos über schwarze Menschen, die DDR und ihre Enkelkinder. Die Chefin stand hinter der Theke. Sie rauchte und unterhielt sich gelegentlich mit den zwei Männern neben mir.

Ein mir befreundeter Beobachter des Lebens würde sagen, dass die Bar „echt“ oder „authentisch“ ist. Ich tendiere eher dazu, sie als Exil zu beschreiben. Die Bar bietet, so scheint es mir, Raum – weg von der Arbeit oder der Arbeitslosigkeit, von der Einsamkeit einer zu leeren Wohnung oder der Hektik einer zu vollen Wohnung – und eine Möglichkeit zu atmen oder ungestört zu rauchen. Man hält sich dort für einen Moment auf. Für die Barhocker ist der Ort primär kein Exil, sondern ein Zuhause. Sie entscheiden, wer bleiben kann.

Die Bar im Norden ist eine kleine Welt, wo jeder jeden kennt. Es war nicht klar, ob ich hier weilen durfte. Schnell fungierten die zwei Männer als Grenzbeamte und die Theke als Grenzpunkt: Was ich hier mache? Wer ich sei? Sie hätten mich beobachtet: Ich würde so viel schreiben, dafür so wenig trinken, bloß Kaffee. Sie hatten einen besonderen Spürsinn für Details. Meinen neuen Mantel und mein Kleid hatten sie bestimmt schon gemustert. Nach einer Weile schaltete sich die Chefin ein und bestimmte, dass mir Asylrecht gewährt werden sollte. Sie kenne mich, ich war vor ein paar Monaten schon mal in der Bar gewesen, und auch in der Disco nebenan. Sie schien die Macht, die ihr Wissen und Position verliehen, zu genießen. Es stimmte, wir hatten uns damals ausgetauscht: Sie sagte, dass sie mich gut leiden könne – ich sie auch. Froh über die Aufenthaltsgenehmigung, bestellte ich mir einen zweiten Kaffee und erzählte, dass ich von der Uni bin. Der eine der beiden Männer kommentierte daraufhin – und hier ist der Beweis, dass auch die besten Detektive

*Die Bar im Norden ist eine kleine Welt, wo jeder jeden kennt.*

des Alltags sich täuschen können: „Ach, und ich dachte, sie wären von der Versicherung."

Nicht jeder würde auf die Idee kommen, sich in die Bar zu begeben: Man lebt woanders, ist mit Arbeit, Familie, Hobbies beschäftigt. Man denkt nicht daran: Man hat einen Balkon, vielleicht auch einen Garten, ein Auto, um in die Natur rauszufahren. Man könnte hingehen, man ist aber irgendwie nicht dazu geneigt. Der Pfarrer einer Kirchengemeinde der Altstadt – eine andere Exilmöglichkeit neben Bars, Saunas, Stränden – hat Ähnliches beobachtet: Nicht jeder ist geneigt, in den Gottesdienst zu kommen. Indem er das erwähnt, will er nicht polarisieren. Nein. Gerne hätte er mehr Menschen zu Besuch.

Die Grenzen der Gesellschaft sind keine richtigen und sind doch richtige. Offiziell sind die meisten Exile offen für alle – von geschlossenen Clubs ist hier nicht die Rede. Manche – wie zum Beispiel die Erfurter Altstadtbar „Karibik“ – stehen tatsächlich allen, die hingehen wollen und spät ins Bett gehen, zur Verfügung. In anderen Lokalitäten kann man sich zwar aufhalten, mag aber komisch angeschaut werden oder sich komisch fühlen. Wie auch immer, all diese Orte haben ihre Bräuche, Sitten, Geselligkeiten und eine eigene Geschichte, die oft auf Bildern an der Wand dokumentiert wird. Oft haben sie keine offiziellen Statuten, Mitglieder erkennen sich aber an merkwürdigen Geheimzeichen, wie zum Beispiel krumm den kleinen Finger reichen und in den des anderen einhaken.

Mein Beruf als Soziologin erlaubt es mir, zwischen solchen Welten zu pendeln. In der Bar im Norden der Stadt war ich nur kurz, sozusagen auf Transit. An diesem Tag sollte ich bei der unweit gelegenen Autobahnausfahrt abgeholt werden. Dort wartete ich auf eine Mitfahrgelegenheit Richtung Jena. Der Autofahrer, der mich mitnahm, wollte seinerseits ein paar Stunden weg, bevor er zu seinem mit Verantwortungen und Verpflichtungen geregelten Alltag in der Mitte zurückkehrte.

**„Exil von der Mitte“,**
**Thüringer Allgemeine, 2. August 2018, S. 4**

# Textilfrei

Darüber solltest du schreiben."
„Ist das nicht zu klischeehaft, Feuilletons darüber zu schreiben?"
„Nö", so Mark beim Bier.

In den letzten zwei Jahren sagte man mir oft, worüber ich schreiben solle. Darin war eine Kritik zu vernehmen. Ich solle mich auf Wichtigeres oder zumindest auf andere Sachen konzentrieren. Weil es diesmal keine Kritik und womöglich die letzten warmen Tage des sogenannten Altweibersommers waren, entschied ich mich zum Stotternheimer FKK-Strand zu radeln.

Es sollte mein erstes Mal sein. Von meinen üblichen Interviewpartner*innen wollte niemand mit – es war nicht ihre Sache; ein Freund, mit dem ich telefonierte und mich darüber unterhielt, war nicht im Lande; mit irgendjemand Beliebigen konnte ich nicht hingehen – das wusste ich spätestens, nachdem ich mit einem Bekannten in der Sauna war und er sich danach allerlei ausmalte.

Allein und mit etwas Mut gewappnet, begab ich mich also Richtung See. Auf dem Weg erblickte ich ein Werbeplakat mit einem nackten Paar, von hinten fotografiert, das in einen See springt. Mit der Inschrift „Mach was Sinnvolles. Mach das Handy aus“ und weiter unten „es ruft das Leben“, warb es um eine Biermarke.

Gerade in dem Moment – ich schwöre es – piepste mein Handy mit einer neuer WhatsApp-Nachricht von dem Freund, mit dem ich geredet hatte und der nicht im Lande war:

Na, schon da?

Angekommen, zahlte ich 4,50 Euro für die Tageskarte und betrat den Strand. Es waren viele Menschen dort. Im Textilbereich, aber noch mehr im hinteren FKK-Bereich. Dort verweilte ein braun gebranntes Publikum, sicher Inhaber von Dauerkarten. Es bestand aus Sonnenhungrigen beider Geschlechter; älter, wahrscheinlich DDR-sozialisiert und auf jeden Fall zu alt, um tätowiert zu sein.

Die Damenwelt las, telefonierte und strickte sogar für kältere Tage, während die Männerwelt die Augen zumachte und die Beine auf. Man trank Kaffee. Gebadet wurde wenig, aber dafür viel gequatscht: Darüber zum Beispiel, ob alle schnarchen – eine Frage, die unbeantwortet blieb.

Die Stimmung war wahrlich gut, ihr haftete etwas Nachbarschaftliches an, das an Campingplätze erinnerte. Man kannte sich. Die Bademeisterin kam, grüßte allerhand, tauschte Neuigkeiten über Bekannte und Familie aus. Und weil die Saison zu Ende ging, verabschiedete man sich.

Ich nahm Platz auf der Wiese. Es kamen immer wieder neue Menschen, meistens paarweise. Eins musste ich feststellen: Es ist nicht so, dass man nicht ausgerüstet wäre, weil man nackt ist. Liegestühle und Proviant wurden auf kleinen Wagen herbeigeschafft. Das Ganze wies auf Erfahrungen und Gewohnheiten sowie auf eine bestimmte Geselligkeit, fern von Ideologien hin.* Die Abwesenheit von Kindern und Jugendlichen warf hingegen die Frage nach der nächsten Generation auf.

* In „Kampf gegen die Badehose" kritisiert Siegfried Kracauer (2011 [1931]), S. 473–477, die ideologische Dimension der freien Körperkultur.

Ich traute mich in das kalte Wasser. Als ich zurückkam, leuchtete ein Icon auf WhatsApp:

> Schickst Du mir ein Selfie?

Nicht so, dass die Sonnenhungrigen verlegen oder gehemmt ihrem eigenen und anderen Körpern gegenüber gewesen wären, aber hier macht man keine inszenierten Selfies. Während die soziologische Literatur zu „Obenohne"-Stränden betont, dass alles – wie man läuft, wie man sich hinlegt – trotz der „Alle-machen-was-sie-wollen-Ideologie" – bewusst inszeniert ist, war derlei hier nicht zu spüren. Diese Codes schienen, zumindest für die Eingeweihten, aufgehoben zu sein. Für sie ist der Bereich ein Asyl, wo sie sich sichtlich wohl fühlen. Ohne Scham beugen sich Männer nach vorne. Und am Ende ist es egal, wie man sich bewegt oder hinlegt, zumindest erging es mir so.

Was hier zu sehen ist, hat nichts mit Werbung oder Selfies auf Instagram zu tun. Für Neuankömmlinge wie mich ist der Anblick schlicht pädagogisch: Man erfährt, was auf einen zukommt und erhofft sich, dass so viel Entspanntheit dem Körper gegenüber mit gutem Sex einhergeht.

Mein Telefon piepste erneut:

Hier auch FKK.

Der Freund schickte mir synchron ein „Schenkel-Selfie", zwei mit Schaum bedeckte, nackte Beine in einer Badewanne.

FKK-Strände sind stets ein ergiebiges Gesprächsthema. Hierzulande hat jeder eine Meinung dazu und jede Menge positive oder negative Erinnerungen aus der Kindheit. Woanders machen sie stets neugierig. Das Reden und Nachdenken über FKK ist wohl aufregender als das Frönen.

**bisher unveröffentlicht**

# Beaujolais nouveau

## Schicksalsglaube und die Liebe

*Wir wollen sozusagen nicht nur glücklich sein, sondern auch wissen, dass wir es sind.* Simmel 1900

Fragt man in den meisten Ländern Europas nach dem Aberglauben, entsteht oft ein Gespräch voller Beispiele. Auch bei Skeptiker*innen. Spätestens wenn man sich erkundigt, ob sie Glücksbringer in der Handtasche haben oder aufgefordert werden, den Schlüsselbund rauszuholen, wird ihnen oft bewusst, dass sie abergläubisch sind.

Die meisten Menschen in Ostdeutschland scheinen jedoch anders zu sein. Sie sind nicht abergläubisch, religiös sowieso nicht. Die Statistik bestätigt die alltäglichen Eindrücke: Nirgendwo in Europa – sei es im Osten oder Westen – glaubt man weniger an höhere Mächte.* Auch wenn es Esoterik-Interessierte gibt, zum Beispiel beim Yoga-Festival in Erfurt, ist ihre Zahl doch eher marginal. Umso frappierender ist es, dass man bei einer Sache schicksalsgläubig zu sein scheint, das heißt an die Macht

* Die Aussage, „Ich glaube nicht, dass es einen Gott, irgendein höheres Wesen oder eine geistige Macht gibt", bejahten 55 Prozent der Befragten in den neuen Ländern. Siehe Müller (2014), S. 232.

einer höheren Kraft glaubt, die sich durch Vorzeichen manifestiert: in Sachen Liebe.

⁂

Samstagabends in einem Erfurter Restaurant im November. Es ist ein besonderer Ort der Geselligkeit in der Altstadt. Mit französischer Musik und Küche kultiviert es das „petit extra". Martina war gekommen, um dem Wirt und seiner Frau ihren neuen Freund vorzustellen, Hans-Peter. So viel erfuhr ich, als ich Platz am Stammtisch nahm. Besitzer*innen von Bistros, Bars und Restaurants gelten oft als gute Beobachter*innen und Menschenkenner*innen. Man kommt zu ihnen, um sich Rat zu holen, auch um Partnerschaften absegnen zu lassen.

Die kleine versammelte Gesellschaft bestand aus den zwei Paaren, die schon mehrere Beziehungen hinter sich hatten. Über die oder den Ex wurde gesprochen, Fotos von ihnen und deren neuen Partner*innen rumgezeigt und es schien mir, als ob die Zeit anhand früherer Beziehungen gemessen wurde.

Wir tranken Beaujolais nouveau, den jungen französischen Wein, der üblicherweise im November getrunken wird, und plauderten. Weil Martina und ich lange mit dem Wirt befreundet waren, wunderten wir uns, dass wir uns noch nicht kannten. So suchten wir nach gemeinsamen Bekannten. Anhand von Kriterien – wie Beruf, Wohnort, geschätztes Alter des Gegenübers – fanden wir schnell einen. Martina machte ein Selfie von uns beiden und schickte es dem gemeinsamen Freund per SMS. Als er nicht gleich antwortete, vermutete sie: „Er hat vielleicht eine neue Freundin."

Während Martina und die Frau des Wirtes redeten, dabei mit ihren Smartphones hantierten und der Wirt an einem anderen Tisch beschäftigt war, unterhielt ich mich mit dem neuen Schauobjekt. Hans-Peter, so stellte sich heraus, war nicht wie seine Begleiterin kunstmäßig unterwegs, sondern naturwissenschaftlich. Als Hans-Peter auf Toilette verschwand, kam der Wirt dazu und Martina fragte neugierig in die Runde: „Na, wie findet ihr ihn?" Bevor wir uns über den neuen Freund äußern konnten, kam er schon zurück. Schade, denn er war das Gesprächsthema des Abends, über das wir nicht sprechen konnten. Und Martina schien es daran zu liegen, nicht nur glücklich zu sein, sondern auch wissen zu wollen, dass sie es war. Mit der Ankunft Hans-Peters stockte das Gespräch. Man öffnete eine neue Flasche. Martina warf einen kurzen Blick auf ihr Telefon. Der gemeinsame Bekannte hatte noch nicht auf das Selfie reagiert. „Er hat bestimmt eine neue Freundin", wiederholte sie.

Das Gespräch kam erst wieder in Gang, als das neue Paar über ihr erstes Treffen zu sprechen begann. Es fand im Thüringer Wald statt, an einem bekanntlich magischen Ort mit Cachet, der vielleicht die trockenen und formellen Kriterien ihrer Partnerbörse kompensieren sollte. Obwohl uns Details erspart blieben, muss es etwas unbeholfen gewesen sein. Das Wetter war schlecht, matschig; überhaupt war es kein besonderer Tag. Entgegen ihren Erwartungen hatte er sich später noch einmal gemeldet. Sie zeigte sich überrascht. Vor allem passte es astrologisch nicht. Ihr Ex war – wie Hans-Peter – Steinbock und es ging nicht gut aus … Als Martina das Thema ansprach, erzählten alle von ihren Sternzeichnen – samt Aszendenten – und zu wem sie passten. Auch Hans-Peter, der Naturwissenschaftler, gab zu, dass das erste Treffen unter keinem guten Stern stand.

Sozusagen „über dem Schicksal stehend" ist das Paar noch zusammen. Wird die Beziehung tatsächlich halten? Hans-Peter ist zwar das, was man eine gute Partie nennen kann: Ein gebildeter, bereister, gepflegter, nicht rauchender Mann, den Martina ihren Freund*innen vorführen und mit dem sie zusammen in den Urlaub fahren kann. Trotzdem lassen sich gewisse Vorzeichen – nicht nur astrologischer Natur – nicht übersehen. Weil sie verschiedene Berufe ausüben und andere Interesse hegen, war man geneigt zu fragen, worüber sie miteinander redeten. Es schien Martina bewusst zu sein, als sie am Abend diesbezüglich widerholt kleine Witze machte, die eine gewisse Gereiztheit bei ihm auslösten. „Jetzt schon", dachte ich mir.

⁂

Wie der Beaujolais nouveau, den wir jedes Jahr aufs Neue trinken, ist Hans-Peter wahrscheinlich weder der erste noch der letzte neue Freund Martinas gewesen.

**„Na, wie findet ihr ihn? Über Schicksalsglaube und die Liebe im Osten", Brücke. Erste Erfurter Straßenzeitung, 2019, Nr. 115, S. 43–44**

# Depeche Mode und die Rhetorik der Wertschätzung

„Wart' mal, ich komm' gleich wieder", sagte Sylvio, und ging eine junge Frau begrüßen. Kurz darauf kam der schon angetrunkene Gesprächspartner, den ich eben in der Kneipe kennengelernt hatte, wieder und erzählte, dass die junge Frau – wie er – bei einem Depeche-Mode-Konzert in einer benachbarten Stadt gewesen sei.

Wie können so junge Menschen sich für eine Band interessieren, die mehr zum Jahrgang Sylvio (anno 1969) passt als ihrem eigenen? Während ich darüber grübelte, redete Sylvio schon über den Auftritt von Guns N' Roses in einer anderen Stadt. Auch zum U2-Konzert in die Hauptstadt würde er gern fahren, wenn er dafür das nötige Kleingeld hätte …

„Die Typen von Depeche Mode sahen beim Konzert bestimmt alt aus?", unterbrach ich meinen redseligen Gesprächspartner. „Nein, gar nicht. Der Sänger hat zwar Augenringe, die Band ist aber echt fit. Sie haben Trainer!", erklärte er mir. „Und warum magst du Depeche Mode?", fragte ich ihn noch, bevor er wieder loslegte. „Die Mitglieder sind seit Langem verheiratet, sie haben ein Privatleben, geschützt irgendwie."

Weil ich mich an die Videos, Worte und Ästhetik der englischen Band, die in den 1980er und Anfang der 1990er Jahre ihren Zenit erfuhr, erinnern kann, fand ich Sylvios Argumentation unerwartet. In ihr steckte, was ich – zugegeben etwas pompös – „eine Rhetorik der Wertschätzung" nenne. Es entspricht einer Logik des „Trotzes", die den Umgang mit Erfolg (Geld, Bildung, Ruhm) mit einer Basis verbindet, und die ich oft in Erfurt wahrgenommen habe: reich, aber trotzdem nicht verschwenderisch; ausgebildet, aber nicht eingebildet; berühmt, aber nicht arrogant. Um das Phänomen zu beschreiben, hatte ich lange kein Wort. Jetzt weiß ich es: Man kann von „Bodenständigkeit" reden. Entgegen mancher Behauptungen ist Letztere nicht unbedingt langweilig oder konform: Sie verbindet, was widersprüchlich erscheint. Im Fall der vier Musiker kontrastieren die schwarzen Lederklamotten, Ketten, Nagellack und eine gewisse sexuelle Ambiguität mit langen Beziehungen und einem geordneten Privatleben. Die Bodenständigkeit ist etwas Positives, mit dem Sylvio sich identifizieren hätte können, wäre er gerade nicht so betrunken gewesen.

Überhaupt war es interessant, dass Sylvio als Antwort auf meine Frage nicht sofort die

Musik einfiel, sondern er auf die Lebensführung der Band hinwies. Die Musik kam zugegebenermaßen jedoch schnell zur Sprache: „Als ich jung war, war ich The Cure – man war entweder The Cure oder DM …“ „Ich verstehe kein Englisch, ich mag aber den ‚Sound‘ von ‚Enjoy the Silence‘.“ „Es heißt …“, wollte ich den Titel des Songs übersetzen, aber Sylvio redete schon weiter. Die Stille genossen wir nicht.

⁂

Es gibt eine Depeche-Mode-Forschung, auch eine Depeche-Mode-in-der-DDR-Forschung. Zwei Kulturwissenschaftler haben die Fankultur in der DDR untersucht und zwei Bücher – mit vielen Bildern aus den späten 1980ern – auf den Markt gebracht.* Sie betrachten das Depeche-Mode-Phänomen unter vielen Aspekten, wobei sie die Materialität in den Mittelpunkt setzen: Es geht weniger um die Beschreibung eines Lebensgefühls oder der Musik, als um eine Identität, die sich in Kassetten, Rekordern, Magazinen, Postern, Frisuren, schwarzen Outfits und Netzwerken wie Partys und Fanclubs untersuchen lässt.

* Burmeister/Lange (2017); Lange/Burmeister (2018). Im zweiten Buch gibt es sogar ein Kapitelchen zu Erfurt.

Depeche Mode ist ein Thema, das die Erinnerung derjenigen, die das Phänomen miterlebt haben, wachruft und -hält. Die Kulturwissenschaftler, die aus ihrer eigenen Liebe zur Band keinen Hehl machen, sprechen ein „Wir“ an, eine Fangemeinde. Allein Wörter wie Kassetten, Rekorder, Poster vermögen besondere Momente und Orte hervorzurufen: die Jugendweihe mit den Geschenken, Partys, Reisen, Zeit mit Freund*innen (sie schreiben von „Gleichgesinnten"). Durch Memorabilien und Fotos wecken die Forschenden in den Leser*innen ein Lebensgefühl. Sie stiften einen Kosmos und ein quasi religiöses Empfinden, das Fangemeinschaften anhaftet. Die Rhetorik der Wertschätzung findet auch bei den Kulturwissenschaftlern Eingang: Trotz Minusgeschäft (die Band konnte nicht in Devisen bezahlt werden und musste für die Technik einen Teil der Kosten selbst aufbringen) hatte die Band ein Konzert in Ostberlin gegeben.

⁂

Auch in dem kanadischen Vorort, in dem ich aufwuchs, war Depeche Mode mal groß, sehr groß. Ich gehöre zur gleichen Generation wie Sylvio: Auch ich verstand die Texte erst einmal nicht und war von der Musik melancholisch berührt.

Die Band war in den 1980ern und an der Schwelle zu den 1990er Jahren international bekannt. Heute weniger. Der Zugang zur Band ist womöglich miniaturisiert: Man hört die Band vielleicht im Auto oder beim Joggen. Anders ist es in Erfurt, Mühlhausen oder Gera, wo die Band „Wegbegleiter aus dem Teenagerdasein hinaus in die große Welt" war.* Hier sieht man heute noch Plakate, die Depeche-Mode-Partys ankündigen, man hört die Musik in Knei-

* Lange/Burmeister (2018), S. 208.

pen und Bars, man nimmt die Band als Gesprächsthema wahr.

Werbung für Depeche-Mode-Partys habe ich überall immer mal gesehen, aber nie war ich gerade zu der Zeit in Erfurt. Außer einmal: Auf einer kleinen Bühne tanzten minimalistisch – sie bewegten sich kaum – ein paar junge, schwarz gekleidete Mädels vor einer Video-Leinwand. Möglich, dass die Bekannte von Sylvio dabei war.

Ein Jahr nach der Unterhaltung mit Sylvio war ich mit einer Freundin bei einem Straßenfest, wo sich auch mein ehemaliger Gesprächspartner befand. Am Abend wollte ich noch zu einer Depeche-Mode-Party gehen. Weil die Band immer wieder Thema war und dieserorts eine Besonderheit darzustellen schien, wollte ich mehr sehen und hatte erwogen, einmal darüber zu schreiben. Meine Freundin musste gleich weg zu ihrer Familie. Ich hatte also niemanden, der mich dahin begleiten konnte. Ob ich Sylvio ansprechen sollte, fragte ich meine Freundin. Sie war der Meinung, er könnte es falsch verstehen. Sowieso schien er ziemlich betrunken gewesen zu sein. Armer Sylvio! Er hätte sich in dem Moment wieder nicht zur Bodenständigkeit bekennen können.

⁂

Von den Kulturwissenschaftlern weiß man, dass die Depeche-Mode-Partys im Frühling 1989 anfingen. Über die heutigen Partys und ihre Anziehungskraft, auch unter Jugendlichen, sagen sie nichts. Keine Bange. Das wird sicher noch untersucht werden. Der dritte Band kommt bestimmt noch und damit wird die Trilogie vervollständigt, die einen Erfolg unter den Fans und einen Beitrag zur Transformationsforschung unter Kulturwissenschaftler*innen verspricht.

**Nachtrag**

Am Ende des Abends in der Kneipe sagte Sylvio (dessen echter Name ein anderer ist): „Mit uns wird es nichts, oder?" Mit diesem Text wurde es jedoch noch etwas.

**bisher unveröffentlicht**

# Unsichtbare Gesellschaften

Tagein, tagaus tritt man in unsichtbare Gesellschaften ein und wieder aus, ohne sich dessen bewusst zu sein. Oft verschwendet man keinen Gedanken daran. Es geht ganz von allein. Diese Gesellschaften sind nirgendwo dokumentiert. Statistiken, die die Wirklichkeit zerlegen, um sie in festen Kategorien – Einkommensgruppen, Deutsche und Ausländer, West- und Ostdeutsche – erneut zusammenzuführen, erfassen sie nicht. Kulturpessimisten, die das Ende der Vereinskultur seit Langem prophezeien, haben sie ebenfalls nicht im Blick. Über offizielle Namen, Räume und Statuten verfügen sie schon gar nicht.

Und dennoch: Ihre Mitglieder erkennen sich an bestimmten Merkmalen oder Codes: Vorliebe zu Hoch- oder Popkultur (Johann Sebastian Bach oder Cold Play), Gebrauch von Fremdsprachen und -wörtern (Französisch oder Latein, Englisch weniger), Sätze, die mit „unter" anfangen („Unter BMW-Motoradfahrern …", „Unter Akademikern …", „Unter Depeche-Mode-Fans …"), fallen mir ein. Manchmal reicht ein vielsagender Blick unter Frauen, die zuhören müssen, wie ihnen ein Mann die Welt erklärt (#mansplaining), und gleichzeitig aber auch wissen, dass es sinnlos ist, etwas dagegen einzuwenden. Oder es genügt eine Postkarte, kyrillisch beschriftet, für „diejenigen, die es noch lesen können" und gemeinsame historische Erfahrungen teilen.

Es stimmt, dass manche Gesellschaften dazu neigen, gewisse Menschen auszuschließen. Es ist jedoch nicht immer der Fall. Sie können auch Solidarität erzeugen. So wie wenn man in einer neu besuchten Bar von einem Stammgast mit dem kleinen Finger und den Worten „ich kann dich gut leiden" begrüßt wird. So auch manchmal bei Anlässen, wo ein Fotoalbum rausgeholt wird und Geschichten erzählt werden, die verbinden und einen Moment von Intimität schaffen.

⁂

Manche Gesellschaften wirken befreiend und bereiten einen Riesenspaß, obwohl Letzterer nicht immer schuldfrei ist, denkt man nur an Tratschgemeinden.

Manche Gesellschaften scheitern. Bei allen möglichen Themen fiel einem Bekannten immer ein Film ein: „Kennst du den Film XYZ?" „Nein." Ich kannte sie alle nicht. „Wer hat so viel Zeit, um sich ständig Filme reinzuziehen?", fragte ich mich immer. Schon nach kurzer Zeit trafen wir uns nicht mehr. So manchmal auch bei den

Anlässen, wo ein Fotoalbum rausgeholt wird und Geschichten erzählt werden, die einen langweilen.

Andere Gesellschaften betritt man eher widerwillig, weil es unangenehm ist. Oft wird man mit einem konspirativen „du weißt schon“ eingeführt. Der Rest wird – aus Gründen der „Political Correctness“ – nicht ausgesprochen, denn wir teilen, so wird zumindest vermutet, eine politische Einstellung. Genauso der Hinweis „Was ich noch sagen wollte …“, der generell nichts Gutes verspricht und der ausgerechnet in jenem Moment zu einer Gesellschaft einlädt, als man sich anschickte, sie zu verlassen.

⁂

Kann sein, dass man aus einer solchen Gesellschaft bewusster aus- als eintritt. Man kann sich abmelden: Auf den Tisch klopfen, Gesprächspausen einlegen, sich einen Drink holen oder körperliche Bedürfnisse als Vorwand nehmen. Manchmal muss man sich auch etwas wehren. Ein mir bekannter Theologe erzählte mal, dass ihm während seiner pastoralen Ausbildung Techniken bei Hausbesuchen diesbezüglich vermittelt wurden: Das taube Ohr (so tun, als ob man nichts gehört hätte), der leere Blick (so tun, als ob man in Gedanken ganz woanders wäre). Ich habe mir vorgenommen, es bei nächster Gelegenheit auszuprobieren.

⁂

Zuweilen wird es ernst. Im Laufe des NSU-Prozesses wurden Menschen beschuldigt, bestimmten Gruppen anzugehören oder mit deren Ideen zu sympathisieren. Die Beschuldigten versuchten es zu widerlegen, indem sie mitunter auf den Mangel von sichtbaren Zeichen Bezug nahmen („Ich gehöre keiner Gruppe an"), als ob die Abwesenheit von offiziellen Strukturen eine Mitgliedschaft ausschließen würde.

**„Sociétés invisibles", L'Esprit libre, 8. Dezember 2019, https://revuelespritlibre.org/societes-invisibles**

# Ausflug nach Lemberg

# Gera in Lemberg

In dem nach sowjetischen Muster gebauten Sychiw (Сихів), einem Bezirk Lembergs (Львів), findet man ein Viertel namens Gera.

Ist Lemberg Partnerstadt Geras? Keineswegs. Die Bauherren kamen aus der 973 Kilometer entfernten Thüringer Stadt. In den Jahren 1987 und 1988 haben ostdeutsche Arbeiter eine kleine Siedlung, die sich auch in ihrer Stadt hätte finden können – Plattenbauten samt Kinderspielplatz –, errichtet. Wenn Plattenbauten in Gera heute vielleicht nicht so prestigeträchtig sind, sind sie im besagten Viertel Lembergs begehrt. Die Nachfrage nach Wohnungen ist dort hoch und so werden diese Wohnhäuser weiterhin im alten Stil gebaut.

Von der Altstadt aus erreicht man das Viertel leicht mit einer neuen Straßenbahn oder mit einer alten Tatra KT4D, die aus Gera oder Erfurt importiert wurde. Jenseits der vom Tourismus geprägten Altstadt leben in Sychiw 300 000 Menschen. Man findet dort Schulen, Parks, Märkte – und auch eine Klinik für Schönheitsmedizin, die Gera heißt.

Neben der erfolgreich vermarkteten Sentimentalität und Nostalgie der Altstadt und mit dem Anspruch gelebter Realität auf der Spur

*Die Plattenbauten in Gera sind nicht so prestigeträchtig, im besagten Lemberger Viertel aber außerst begehrt.*

zu sein, berichtete ich im Frühling und Sommer 2018 als Stadtschreiberin aus Lemberg und führte einen Blog. In den in der westukrainischen Stadt entstandenen und hier reproduzierten Texten tauchte immer wieder Thüringen auf, sozusagen vom Osten aus betrachtet, was den Blick für das dort Beobachtete schärfte.

**„Gera in Lwiw", Blogbeitrag, 26. Mai 2018**

# Das gewünschte Ende der Ambivalenzen

Bei einem Politikseminar in einer westukrainischen Stadt im Frühling 2018 lernte sie Julius, einen Fachkollegen aus dem Ruhrgebiet, kennen. Zusammen gingen sie abends in ein vom Reiseführer gelobtes Kaffeehaus am Marktplatz, dem Rynok. Dort erzählte er ihr von seiner Trotz-des-Debakels-traditionsgemäßen-Treue zur SPD, von der unabhängigen Ukraine, dem Rechtsstaat und der politischen Lage Deutschlands. Während sie ihm zuhörte, schaute sie sich etwas um. Am Nachbartisch saßen zwei Männer in einem Alter, das man wohl als mittleres bezeichnen würde. Sie sprachen Deutsch und waren – so vermutete sie aufgrund ihrer Freizeitkleidung und ihres allgemeinen Auftretens – Polizisten im Urlaub. Sie tauschten erst Blicke und dann einige Worte aus, aus denen sich sehr schnell ergab, dass die Männer die AfD großartig fanden, Sarah Wagenknecht und Russland ebenso und außerdem eine Rückkehr zur D-Mark wünschten.

Nachdem Julius sich auf den Weg zum Flughafen gemacht hatte, rückte sie ihren Stuhl zum Nachbarstisch und gesellte sich zu Bernd und Matthias, wie die beiden hießen. Schnell erfuhr sie, dass sie aus einem ostdeutschen Bundesland kamen, sie sagten dazu „Schlesien". Polizisten waren sie zwar nicht, aber gegen Uniform hatten sie nichts einzuwenden. Die beiden waren Facharbeiter mit eigenem Betrieb, nun sportlich unterwegs. Wie Julius und sie hatten auch die beiden das Ratespiel gespielt, das gelangweilte Touristen, Hobby-Soziolog*innen und Stammgäste in Dorfkneipen betreiben. Sie hatten zum Nachbarstisch geschielt und sich gewundert, was sie „mit dem Genossen, der so viel labert und nicht für sie bezahlt" – was sie als eine Unverschämtheit betrachteten – wohl von Beruf sei.

Obwohl sie die Gesellschaft und das Getränk – von Wein auf Bier – gewechselt hatte, tat sie weiterhin das Gleiche: Sie hörte zu. Allem Anschein nach gefiel den Männern ihre Aufmerksamkeit, das Interesse an Ostdeutschland und die Möglichkeit, eine Frau aus dem Ausland zu belehren. Und sie? Sie hatte Zeit und war neugierig.

„Haben Sie sich die Beiträge der AfD im Bundestag angeschaut? Sie sind richtig gut", legte Bernd, der Ältere der beiden, los. „Nein, ich lese nur die Zeitung. Ich …", fing sie an. „Die Zeitung lese ich nicht oder nur den Lokalteil", unterbrach er sie.

Auch die zwei Männer erzählten viel: Dass die Ostdeutschen kritischer als die Westdeutschen seien, dass sie viel arbeiteten; auch über persönliche Erfahrungen und die Macht der USA. Ein weiteres Bier wolle man noch trinken und einen Moment beisammensitzen.

„Wo stehen Sie politisch?", fragte Bernd später. „Ich? Ich bin eher Beobachterin. Das ist mein Beruf." Vielleicht wollte sie noch etwas sagen, aber dann sagte Matthias, der zweite Mann, versöhnlich: „Naja, das ist besser als dein Kollege."

„Пиво, пожалуйста!" Bernd bestellte eine weitere Runde, woraufhin der leicht irritierte Kellner fragte: „The same?" Als sie nickte, sagte Bernd: „Vor ein paar Jahren wär's anders gewesen. Da wurde hier noch russisch gesprochen."

„Ihr Kanadier habt wenig Flüchtlinge aufgenommen. Ihr habt eine vernünftige Einwanderungspolitik", setzte Bernd die Unterhaltung fort. „Ich habe Petitionen unterschrieben, damit man mehr als 35 000 Menschen aufnimmt; und was die Migrationspolitik Kanadas angeht, es ist nicht, wie man denkt. Die meisten Leute …"

„Kennst du die Bilderberg-Gruppe? Schau dir das mal im Internet an …"

Als sie spürte, wie sie aus der Beobachterrolle zu fallen drohte, versuchte sie, das Gespräch auf nicht so geläufige Themen zu lenken.

„Was habt ihr so für Probleme, konkret, im Alltag bei euch?“ „Die Probleme sind 25 Kilometer entfernt, in der Stadt X. Da geht’s ab, sage ich dir. Ich habe Angst um meine Frau und meine Tochter“, antwortete Matthias. „Ich muss sagen, ich bin viel in der Gegend unterwegs gewesen. Ich habe nie Angst gehabt“, erwiderte sie. „Weil du nicht blond bist“, sagte Bernd lapidar. Matthias nickte.

An diesem Punkt kam es ihr so vor, als ob sie alles schon mal gehört hatte: die Ost- und Westdeutschen, die Geflüchteten, die kanadische Einwanderungspolitik, die lauernde Gefahr in der Stadt, auch das mit den blonden Haaren. Es fehlte eigentlich nur noch die Geschichte über den Onkel, der nach Nordamerika ausgewandert ist. Es war so viel, dass es ihr fast wie Fiktion erschien. Mag sein, dass die fremde Kulisse, der Reiz des Zufalls, jemanden kennenzulernen, den man nie wiedersehen wird, und schließlich die kurze Präsenz des selbstbewussten Fachkollegen aus Westdeutschland diese bestimmte Unterhaltung ermöglicht und womöglich sogar heraufbeschworen hatte.

Die Begegnung im Café war wie ein Spiel, das gerade jetzt in Deutschland Konjunktur hat. Vielleicht wäre es sogar an der Zeit, von einem eigenen Genre zu sprechen. In den Medien – bei Initiativen wie „Deutschland spricht“, in der Presse und in Talk-Shows im Fernsehen – in manchen Kirchengemeinden und bei ihrer Arbeit als Soziologin sowieso werden radikalisierte Positionen zusammengebracht.

„Und eure Frauen?" Es war ihr klar, dass die zwei Männer in geordneten Verhältnissen lebten, auch wenn sie nicht unbedingt verheiratet waren. „Habt ihr je gedacht, euch zu trennen?" „Ja ... schon ... aber das hätte ich nie gemacht", antwortete Bernd. „Meine Frau hat ...", fing Matthias an, bis Bernd ein Zeichen mit der Hand machte und fragte: „Und du?" „Ah, bei mir ist es kompliziert", wich sie etwa aus.

„Ich hätte Amerikaner sein können", nahm Bernd das Gespräch wieder auf. „Mein Großonkel ist in die USA ausgewandert und wollte die ganze Familie nachkommen lassen." „Guck an, jetzt kommt auch der Onkel noch", dachte sie sich. „Dein Großonkel war also ein Migrant?" „Nein, er hat viel gearbeitet."

Erneut unternahm sie den Versuch, das Thema zu wechseln. „Bist du bodenständig?", fragte sie Bernd. „Ja! Ich bin bodenständig. Genau. So ist es", antwortete er.

Die zwei Männer waren sichtlich stolz darauf, bodenständig zu sein. Ihre Frage schien Bernd dazu zu verhelfen, ein Motto zu finden; als ob sie ihm einen Namen für seinen Zustand gegeben hätte und er sich dadurch besser fühlte, woraufhin sie etwas erschüttert zu sein schien. Eins muss hier vorausgeschickt werden: Sie spielte mit der zugegebenermaßen etwas pompösen Idee, eine „Soziologie der Bodenständigkeit" zu schreiben. Diese beiden Männer ähnelten den Leuten, die an der Studie teilgenommen hatten, die sie bereits zu diesem Zweck durchgeführt hatte. Sie waren beschäftigte, sportliche Väter und Vereinsmenschen aus der Mitte der Gesellschaft, die gerne karierte Hemden trugen. Vom Ethos des Maßhaltens – nicht zu viel, nicht zu wenig –, das bezeichnend für die anderen Teilnehmer*innen war, war hier jedoch nicht die Rede, zumindest nicht politisch. Sie fürchtete sogar, ihnen ein Narrativ geliefert zu haben, das es ihnen ermöglichte, sich in ein positives Licht zu rücken.

Das zweite – oder dritte? – Glas war leer, die Argumente gingen aus. Die Männer beglichen die Rechnung, auch für sie. Sie hatten zwar ordentlich getrunken, jedoch nicht zu viel. Julius meldete sich dann per SMS vom Flughafen mit einem: „Ich hoffe, Du hast die zwei AfD-Verschwörungstheoretiker gut überstanden." Er bedankte sich auch für das gute Gespräch. Das Trio jedoch überquerte den Rynok und begab sich an einen anderen Ort. Ob sie dort vom Bier auf Wodka wechselten, weiß man nicht. Auch wenn sie sichtlich unterschiedlicher Meinung waren und das Gespräch eher sprunghaft war, sollte man sich nicht täuschen: Sie hatten den Abend gut überstanden.

⁂

Inspiriert von den zwei Männern schrieb sie einige Wochen später unter dem Titel „Das gewünschte Ende der Ambivalenz" einen Text für die Zeitung. Darin war zu lesen, dass in der Popularität der Themen und Argumente jener Schicht, die die zwei Männer exemplarisch vertraten, der Wunsch zu erkennen sei, den Ambivalenzen der Zeit ein Ende zu setzen. Letzterer fände Ausdruck, so stellte sie als Hypothese auf, in einer Sehnsucht nach festen Rollen, einer betonten Männlichkeit, einer klaren nationalen Identität und Begriffen wie Bodenständigkeit. Sie erinnerte die Leser*innen an die Frühsoziologen, die die Ambivalenzen und widersprüchlichen Erfahrungen für die fundamentalsten Elemente der modernen Ordnung hielten. Bei jedem Anschein von Ambiguität wird heute hingegen Klarheit, Ordnung und Kontrolle gefordert.

⁂

Eins hatte sie jedoch bei ihren Überlegungen vergessen: Statt sich von der Onkel-Geschichte und anderen Themen irritieren zu lassen, hätte sie das Kontingenzbewusstsein der eigenen Existenz („ich hätte ein anderer Mensch sein können") und die Situation besser beobachten können. Denn: Ein Geist des Spielens und des Abenteuers, ein leichter Flirt schwebten über dem Abend, der ein Stück Ambivalenz erkennen ließ und nicht mit den vorgetragenen Argumenten zusammenpasste. Darin liegt vielleicht Hoffnung.

„Das gewünschte Ende der Ambivalenzen", Blogbeitrag, 6. November 2018

# Prost!

Eine Frau sitzt mir im 8:56-Uhr-Zug auf der Strecke Krakau–Przemyśl gegenüber, auf dem Weg nach Lemberg. Zwei Männer mittleren Alters betreten das Abteil. Sie riechen nach Alkohol; Bier haben sie sich mitgebracht. Ich würde mich gern mit ihnen unterhalten, aber die Körpersprache der Frau – die sich sofort mit mir als ihresgleichen verbündete –, verbot es eindeutig. Als ich kurz eingenickt war, sind die Männer wohl ausgestiegen. Wir machen das Fenster auf.

⁂

Taras ist ein pensionierter Polizist. Wir waren uns zufällig begegnet und sahen uns ein paar Male danach wieder – in Lemberg trifft man sich häufiger. Er pflegte abends in Bars mit Freunden zu sitzen. Wenn er mich erblickte, schleuderte er mir „Ich bin betrunken!" oder „I'm drunk!" entgegen, wohl abhängig davon, ob er gerade an seine Stationierungszeit in der DDR oder an seine mehrfachen Besuche bei seinen Kindern in Kanada dachte.

In Gesellschaft gleichaltriger Männer verbringt Taras die Abende bei Wodka und Bier. Einer dieser Männer, Roman, spricht polnisch und wir können uns mehr unterhalten. Lemberg ist schön, die Linden duften, ob ich verheiratet bin. Auch irgendetwas über seine Prostata erzählt er – vielleicht eine Erklärung, warum er weniger als die anderen Anwesenden trinkt. Ich gebe zu, ich habe es nicht recht verstanden. Sprachverwirrungen – er fällt ins Ukrainische, ich bin der Sprache nicht mächtig – und Alkohol waren im Spiel, aber irgendwie ist Kommunikation möglich. Ich wechsle das Thema und erkundige mich, worüber sich die Männergesellschaft unterhält. Er nuschelt etwas über die Revolution. „Jaka?" (Welche?), „Październikowa." (Oktober). „Ach so …"

⁂

Im Deutschunterricht an der Iwan-Franko-Universität erzählen die Studierenden über ihr Leben: Das gemeinsame Wohnen mit Eltern und Geschwistern und rauschende Hochzeitsfeste sind wiederkehrende Themen. Ich frage: „Was findet ihr komisch, wenn ihr durch die Straßen geht?" „What?", sie wechseln ins Englische, „What is weird, strange?" „People wearing oversized clothes or people with dreadlocks, you know." „Und die Alkoholiker auf öffentlichen Plätzen?", will ich wissen. „No!", kam es gleich einstimmig wie aus der Pistole geschossen. „This is normal, just like the old ladies pushing their way into the tram." Anders als für meine Mitreisende im Zug scheinen die Trinkenden für die Studierenden nicht außergewöhnlich oder verpönt zu sein, sie sind aber kein Teil davon.

⁂

Ganz anders in Erfurt. *Temperantia* sei eine Chiffre der Moderne, so schrieb mir ein Professor nach der Lektüre eines von mir verfassten Artikels.* Darin ist die Rede von Bodenständigkeit und von einem Ethos des Maßhaltens: nicht zu viel, nicht zu wenig. Seit ich diese Tendenz beobachtet habe, wundere ich mich oft, wo die Leute, die die Frauen von der KoWo (Kommunalen Wohnungsgesellschaft) in den späten 1990er Jahren fast liebevoll „unsere Alkoholiker" nannten, alle hingegangen sind. Sind sie an den Folgen ihres Konsums gestorben? Oder aus der Stadt verdrängt worden? Vielleicht sind deshalb auch die Leute, oft Paare, die Seite an Seite mit Ellbogen auf Kissen aus dem Fenstern guckten – erinnern Sie sich noch? –, kaum noch zu sehen, weil es auf der Straße nichts mehr zu schauen gibt.

* Siehe „Das Trinken der nüchternen Mitte", S. 25.

Bei dieser Entwicklung und bei aller Mäßigung ist es interessant, dass nun ein Alkoholverbot auf öffentlichen Plätzen in Erfurt und woanders eingeführt wird. Vielleicht ist die Zahl der Alkoholiker indirekt proportional zu der Aufregung, die sie verursachen: Je weniger sie sind, desto deutlicher sieht man und heftiger diskutiert man über sie.

Kann sein, dass Lemberg ein ähnliches Schicksal ereilt und dass man den Wandel der Stadt an eben diesen kleinen Indizien festmachen kann.

⁂

Über die neue Polizeireform in der Ukraine oder die Oktoberrevolution hatte Roman, der Polizist, keine Lust, sich mit mir zu unterhalten. Schade.

**„Prost!", Blogbeitrag, 18. Juni 2018**

# Mon chéri

## Über Schönheitssalons in Lemberg, Erfurt und Montreal

Außen sind die Namen französisch („Mon chéri“, „Charme“), die Bezeichnungen englisch („Nail studio“, „Brow bar“, „Make up“, „Lazer“). Die Namen erinnern an die Ferne, drinnen werden jedoch keine Fremdsprachen gesprochen.

Maria, eine Bekannte, die auf die gute Qualität der Schönheitssalons schwört, nahm mich an diesem Tag mit. Vom Bildschirm ertönte laute lateinamerikanische, englische und ukrainische Popmusik, jedoch keine russische. Den Sänger*innen und Tänzer*innen merkte man an, dass sie viel Zeit an einem solchen Ort verbringen.

⁂

Es ist schön, in vielen Städten einen Salon zu haben, allein der Beobachtungsmöglichkeiten wegen. „Du gehst oft in den Schönheitssalon?“, fragte Maria. „Nein. Eigentlich kenne ich bloß Friseursalons.“ „Friseure – Taxifahrer auch – sind wie Soziologen, oft gute Beobachter“, ergänzte ich.

Eine Ausbildung als Friseurin steht mir noch bevor. Im Moment bin ich aber als Soziologin unterwegs. Zu meinen bisherigen Beobachtungen kann ich Folgendes berichten: Bei meiner Friseurin in Erfurt, in unmittelbarer Nähe zur Altstadt, kriegt man zum Kaffee einen anständigen Haarschnitt und eine dezente Haarfarbe. „Bleaching" und „ombré" macht die Chefin prinzipiell nicht, aus ethischen Gründen: „Es macht die Haare ganz kaputt", beteuert sie. Sie ist sowieso nicht darauf angewiesen, denn Kundschaft hat sie genug.

In Montreal schneidet mein Friseur die Haare schnell und gut, tendenziell aber etwas zu kurz. Es ist, als ob das unausgesprochene Motto der Erfurter Friseurin, „nicht zu viel, nicht zu wenig" hier nicht gelten würde. Und in Lemberg? Ist man in einem Salon angemeldet, kriegt man dort alles gemacht: Haare, Nagellack samt Design, Augenbrauen, Make-up, Wimpern – Maniküre und Pediküre selbstverständlich auch – und bestimmt noch andere Angebote, die mir nicht bekannt sind.

Maria lässt sich die Nägel rosa lackieren und an einem Finger Blitzer malen, „un petit extra", wie auch ein Salon heißen könnte. Ich sehe zu, während ich der Soziologie zuliebe auch meine Nägel lackiert bekomme.

⁂

Linke Hand, rechte Hand. Ob Männer auch hierherkommen, will ich von der Nagelexpertin wissen. Es wird im Salon laut gelacht und geredet, ich verstehe nicht alles. „Nein, nicht, ob Männer deinen Beruf ausüben, sondern ob es auch männliche Kunden gibt?" „Ach so! Manchmal kommen schöne Männer aus der Türkei oder Italien, unsere nicht", antwortete Nata, während Maria ein Gesicht machte, als ob es ganz hoffnungslos sei. Von Männern erwarten die Frauen im Salon wenig. Ihre Chéris sollten „акуратни", gepflegt, sein. Abgesehen vom kurzen Haarschnitt und sauberem Hemd scheinen Männer wenig in die Schönheitsindustrie zu investieren. Die meisten Anstrengungen gehen wohl in eine bestimmte Körperhaltung, die ich noch nicht genau beschreiben kann.

Rechte Hand, linke Hand. „Stört dich die Musik nicht?", frage ich Nata weiter. „Was? Nö!", erwidert sie etwas verblüfft. Die Songs wiederholen sich und Sänger*innen und Tänzer*innen entsprechen nicht dem Kanon der Political Correctness. Tomasz, der Ethnologe aus Polen, der hier forscht und mit mir Notizen austauschte, bemerkte zum Thema Schönheit, dass es in den letzten Jahren in der Stadt anders geworden sei. Die Röcke seien zum Beispiel länger geworden. Jenseits des internationalen Trends mag die Länge der Röcke – sowie die Beliebtheit der Sneakers und flachen Sandalen – als Indiz für einen sozialen Wandel in den Geschlechterverhältnissen und für mehr Bewegungskomfort gedeutet werden.

⁂

Bei allen möglichen Schönheitskanons und der Ambivalenzen ihrer Institutionen gegenüber ist der Salon in Lemberg eine Oase, eine kleine Kur vom Alltag. Klar geht es um soziale Erwartungen in der Schönheits- und Musikindustrie, aber auch um mehr. Dort geht man oft mit einer Freundin hin, nimmt sich Zeit, tut was für sich. Letzten Endes steckt in Maniküre oder Pediküre auch das Wort „Kur". Manchmal lässt man sich auch beraten. Eine Friseurin empfahl mir mal, meine Haare nicht zu kurz zu schneiden. Sie sah, dass ich an dem Tag traurig war und riet mir von einer allzu raschen Veränderung ab.

⁂

Beim Rausgehen ertönte noch immer die Musik und die Tänzer*innen wurden nicht müde. Beim Zahlen schaute die heilige Maria auf uns. Es ging, etwas leichter, wieder in den Alltag.

**„Mon chéri. Über Schönheitssalons in Lemberg, Erfurt und Montreal", Blogbeitrag, 2. Juni 2018**

Beim Zahlen schaute die heilige Maria auf uns.

# Instagrambeauties

An der Universität in Montreal wollte mal eine Fotografin ein Bild von mir machen. „Machen Sie bitte den Kopf gerade. Nein, gerade. Sie machen es immer noch." Als ich mich wehrte und behauptete, dass ich es nicht täte, erwiderte sie sachlich: „Doch, Frauen machen's, wenn sie fotografiert werden: Sie stellen den Kopf leicht zur Seite." Das hätte ich lieber nicht gewusst, denn seitdem sehe ich geneigte Köpfe überall.

Wenn sie bestimmt kein anthropologisches Universell ist, ist diese Gewohnheit mindestens Teil eines globalen Trends. In Lemberg gibt es sie auch, die geneigten Köpfe. Seit ich sie etwas widerwillig sehe, beobachte ich auch folgendes bei Laien-Fotoshootings: geschmollte Münder, sexy Augen, einen leicht gehobenen oder – wie bei einer Ballerina – gespitzten Fuß. Die Haare scheinen auch ganz wichtig zu sein. Es gibt eine besondere Geste, die Frauen machen, um die Haare auf die Seite zu schieben, aber ich steige noch nicht ganz durch. Auch diejenigen, die diese Gewohnheiten belächeln, beherrschen oft selbst die Kunst des Haare-zur-Seite-Schiebens. Ob sie es merken? Nein, nicht immer, aber manchmal schon. Die Anleitungen zum Fotoshooting, die auf YouTube zu finden sind, zeigen diese zur Gewohnheit gewordenen Gesten.

⁂

Wenn Lemberg eine Person wäre, wäre sie eine Instagrambeauty. Sie ist ja sehr fotogen, sehr vintage. Ihr Filter wäre „Crema", ein warmes Gelb. Kein Wunder, dass die Stadt oft als Filmkulisse dient und zu diesem Zweck eine Kommission ins Leben gerufen wurde. Eine Konkurrentin ist Prag, eine andere „instagramable" Stadt. Dort reisen Bräute und Bräutigame aus aller Welt hin, um ihre Hochzeitsfotos zu shooten. Lemberg ist in dieser Hinsicht noch nicht so international bekannt, gleichwohl wird viel geheiratet und reichlich fotografiert. Neben Paaren in der Altstadt sind schwangere Frauen im Stryjskyj-Park, Freundinnen auf dem Schewtschenko-Boulevard, glückliche Babys im Gras, junge Models in Türrahmen zu erblicken. Viele von diesen Fotos findet man später in sozialen Medien.

⁂

Bei öffentlichen Kulturveranstaltungen sind Kameras allgegenwärtig und Livestreams üblich: Wie in einem Spiegel kann sich das Publikum nach Lust und Laune live selbst auf dem Smartphone anschauen.

Überhaupt, so kommt es mir zumindest vor, läuft das Leben hier mehr online als in Montreal oder Berlin. Eingekauft wird viel im

Netz, geflirtet wird mitunter über Klicks auf Facebook und Herzen auf Instagram. Sogar Drogen werden nicht auf der Straße verkauft, sondern online bestellt – die Internet-Adressen der Anbieter werden an Häuserwände mit Farben gesprüht.

⁂

Es war mal ein kleines Hobby vor mir: Ich machte Screenshots von Posts auf Facebook, von meinen Freudinnen mit schmollendem Mund oder Kolleginnen mit leicht gehobenem Fuß. Nun werde ich auf Facebook getaggt, wenn ich hier an Veranstaltungen teilnehme. Mein Hobby ist keins mehr. Und oft muss ich an die Fotografin in Montreal und ihre Mahnung – „Machen Sie bitte den Kopf gerade" – denken. Es ist ziemlich anstrengend, ständig aufzupassen, dass der Kopf nicht geneigt ist.

„Instagrambeauties", Blogbeitrag, 28. Juli 2018

# Kleine umgehängte Taschen

Taschentücher – alte und neue –, Portemonnaie, Schlüsselbund, Fahrkarte, Notizbuch, Handy, Eyeliner, Loratadin, USB-Sticks, Einkaufsliste, Kopfhörer, Taschen in der Tasche (Einkaufstasche, Hundetüten), ein Exemplar des *Watchtower*, das mir geschenkt wurde. Neben Krümeln ist es das, was ich fand, als ich meine Handtasche entleerte. Kleine Talismane habe ich gerade nicht gehabt, dafür müsste ich einen Blick in meinen Kulturbeutel werfen.

Typisch Frauen? Möglich. Der Soziologe Jean-Claude Kaufmann hat ein Buch über Taschen geschrieben.* Er lässt Frauen über ihre Taschen und deren Inhalt reden und entdeckt vieles im Alltäglichen. Männer interessieren ihn dagegen weniger. Wenn sie überhaupt eine Tasche besitzen, erzählen sie wenig oder Funktionales und tragen sie sowieso wenig bei sich. Hätte Kaufmann seine Studie in Lemberg anstatt in französischen Städten durchgeführt, hätten auch Männer Eingang in sein Buch finden müssen.

* Kaufmann (2011).

In Lemberg tragen fast alle Männer eine Tasche und das unabhängig – wie es mir scheint – von Alter und Klassenzugehörigkeit. Während bei Frauen eine gewisse Vielfalt anzutreffen ist, herrscht bei Männern erstaunliche Eintönigkeit: Die Taschen sind klein und eckig, meist schwarz, aus Stoff oder Leder. Sie werden umgehängt und fallen auf die Hüfte, links oder rechts.

Touristen aus anderen ukrainischen Städten haben oft zwei – der Kamera wegen. Wenn man sich alte Bilder anschaut, sind die kleinen Taschen heute genauso allgegenwärtig wie die Hüte, die Männer einst aufhatten. Damit werden sich visuelle Soziolog*innen der Zukunft sicher beschäftigen.

⁂

Wenn die Kulturgeschichte der Männertaschen noch zu schreiben sein sollte, steht bereits fest: Sie waren nicht immer da; sie sind wohl erst in den 2000er Jahren aufgetaucht; sie haben Plastiktüten verdrängt, damit verkörpern sie einen gewissen Wohlstand; Spezialgeschäfte haben zunehmend Konjunktur, denn Frauen – die sie meistens kaufen – streben nach Leder und vermeiden den Bazar.

Schriebe man ihre Geschichte, bekämen die Männertaschen vielleicht mehr Glamour. Irgendwie sind sie traurig, hilf- und farblos. Kleine traurige Taschen: Sie sind so gegenwärtig und normal, dass sie keine Beachtung finden. Sie haben noch nicht einmal einen eigenen Namen – man sagt einfach

*Was machen bloß die Männer ohne Tasche?*

„сумка“, Tasche. Als ich mich über sie erkundigte, musste ich erklären, welche Tasche ich im Sinn hatte. Anna, um nur ein zufälliges Beispiel zu nehmen, nahm einfach die Tasche ihres Ehemannes, machte sie auf und zeigte mir ihren notdürftigen Inhalt: eine Brille, etwas Geld, einen Schlüssel.

Praktisch, rein funktional seien die Taschen. Sie enthielten kein Geheimnis – wer würde auch etwas Intimes hineinlegen, wenn andere Zugriff auf deren Inhalt haben? So gesehen könnten die Taschen durchsichtig sein. Das ist bei Frauen anders: Ein mir bekannter Mann hat mal im Supermarkt die Handtasche seiner Frau aufgemacht und einen Scheidungsbrief gefunden, der sein Leben auf einen Schlag verändern sollte.

⁂

Auf die Frage „Hast du keine Tasche zum Umhängen?“ erwiderte Ignacy, ein polnischer Kollege und Kenner der Ukraine, dass er keine habe. Er wusste sofort, worum es ging. Sie seien, fügte er sachlich hinzu, eigentlich unpraktisch. Für einen Computer böten sie nicht genug Platz und seien deshalb nur dann zu gebrauchen, wenn man nicht mehr als ein Portemonnaie benötige.

Ich vermute sogar, dass die Taschen nicht selten leer sind. Das Handy ist hier in Lemberg so oft im Einsatz, dass es sich wahrscheinlich nicht lohnt, es überhaupt in die Tasche zu stecken. Wenn nicht am Ohr, hält man es besser in der Hand oder steckt es in die Hosentasche. Wenn Sie Beweise brauchen, weilen Sie einige Minuten in einer Parkanlage. Sie werden sie entdecken: Abdrücke von Portemonnaies und Handys in den hinteren oder vorderen Hosentaschen. Und um einen Regenschirm zu beherbergen, wären die Taschen zu klein.

Warum legt man eine Tasche um? Warum trug man einen Hut bis in die 1950er Jahre? Weil es die gesellschaftlichen Konventionen verlangten, weil es sich so gehörte, weil es halt so war. Frauen wollen das oft nicht glauben und beharren auf der Funktionalität der Tasche: „Was machen bloß die Männer ohne Tasche? Wie geht das überhaupt?“ Schaut man auf Deutschland, sieht man – je nach Klassen, Berufsgruppen und Alter – Alternativen: die Taschen der beigen Westen, die bei manchen Männern vorgerückten Alters auffällig sind, die Taschen von Cargohosen, die Innentasche vom Anzug, den Rucksack oder, ja meine Damen, Ihre Tasche.

Gibt es Hoffnung auf ein glänzenderes Dasein der Männertaschen? Sie mögen als Modeartikel aufgewertet werden. So erblickte ich einige interessante Exemplare auf der Straße und auf Modenschauen. Sie werden auch umgehängt, aber anders – ein Zeichen eines neuen Bewusstseins von Männern, das besser über Funktionalität transportiert wird.

„Kleine umgehängte Taschen“, Blogbeitrag, 24. Juni 2018

# Ich, der versteinerte Präsident

Die Menschen in Lemberg gehen eher spät ins Bett. Deshalb wissen sie nichts von den guten Leuten. Die Lemberger hören sie vielleicht noch im Schlaf: tse, tse, tse. Die guten Leute kehren die Straßen mit Besen aus Zweigen, wie es diese schon zu meiner Zeit gab. Es sind Hunderte, die jeden Tag in aller Frühe Papierschnitzel, Zigarrenstummel und allerlei Abfälle wegfegen, wichtige Orte mit frischen Blumen schmücken und an bestimmten Tagen blaue und gelbe Flaggen an den Masten der Häuser anbringen. Ihre orangefarbenen Westen sind nicht so elegant, aber was soll's. Von meiner Warte aus beobachte ich sie. Es sind meine Dienstleute, meine guten Leute.

Ich bin es, Mychajlo Hruschewskyj.* Nach mir wurde – zumindest inoffiziell – der Platz benannt, auf dem ich gerade sitze, um mich und mein Wirken als Historiker der Ukraine, Wissenschaftsförderer und erster Präsident unseres Landes zu ehren. Früher war hier der Dramaturg Graf Aleksander Fredro ansässig. Er ist aber nach

* Mychajlo Hruschewskyj (1866–1934).

*Ich bin es, Mychajlo Hruschewskyj.*

dem Krieg, dem Zweiten, nach Wrocław gezogen.

In dieser Stadt wohnen viele andere Kollegen aus künstlerischen und intellektuellen Kreisen: Poeten, Schriftsteller, Maler, Sänger, Politiker, fast alle Männer, fast alle Ukrainer. Der alte Adam [Mickiewicz] ist zu schwer, um sich bewegen zu können. Vor ihm holen heutige polnische Touristen einen komischen Stab aus ihren Taschen, befestigen einen seltsamen kleinen Apparat drauf, stellen sich vor ihn und verziehen den Mund. Fragen Sie mich nicht, wieso sie sowas machen. Bei mir passiert Derartiges nicht. Zum Glück! Stattdessen werden regelmäßig frische Blumen gebracht. Dafür sorgen meine guten, braven Dienstleute.

Es schmerzt mich, dass manche Zeitgenossen vorbeigehen, ohne zu grüßen. Trügen sie noch Hüte, würden sie ihn vielleicht leicht ziehen. Man kennt mich aber, heute noch. Ich bin in zweierlei Hinsicht eine Referenz: als nationale Figur und als Treffpunkt. Männer und Frauen sagen nicht, „Wir treffen uns südlich vom Marktplatz", sondern, „Wir treffen uns beim Hruschewskyj". Das mag familiär klingeln, dennoch: Wenn sie der Fremden erklären, wer ich bin, betonen sie mit einem gewissen Stolz „unser" erster Präsident, „der von 1917".

Als ich noch jung war, bin ich viel gereist, manches Mal zwangsweise. Viel habe ich gearbeitet, unheimlich viel geschrieben, vor allem als Professor, hier in dieser Stadt. Seit der wiedergewonnenen Unabhängigkeit unseres Landes bin ich wieder hierhergezogen. Seit 1994 habe ich mich nicht mehr groß bewegt, ich habe mich sozusagen da „hingesetzt" und pflege Zeitung zu lesen. Manche behaupten, ich sei etwas steif geworden, aber man bewegt sich im Alter bekanntlich weniger.

Mein Viertel ist kein schlechtes. Ich bin zwar nicht vor der Oper oder am Rynok, aber immerhin nicht weit vom Zentrum entfernt.

Eigentlich bin ich am richtigen Ort, direkt an der Akademika-Straße, entschuldigen Sie, ich meine die Schewtschenko-Straße. Ach du meine Güte, wie oft wurden all die Straßennamen geändert! Hier habe ich als Professor, Mitglied und Präsident bei der Wissenschaftlichen Schewtschenko-Gesellschaft gewirkt. Auch zur Sowjetzeit wohnten hier Akademiker. Und die Nationale Bibliothek ist heute noch in unmittelbarer Nähe. Das zu wissen, behagt mir.

Direkt am Platz ist ein neues, hässliches Gebäude. Zum Glück ist es hinter mir. Ich muss es mir nicht anschauen – davon würde ich bestimmt einen steifen Hals bekommen. Vor dem Platz gibt es, wie es mir scheint, viele Neureiche: Juweliergeschäfte, Designerboutiquen, Restaurants und Hotels. Tagsüber wird laut telefoniert, abends werden rauschende Feste gefeiert. Manchmal trauen sich einige Touristen bis hierher, wandeln jenseits des Marktplatzes. Egal was passiert: Am nächsten Tag sind sie da. Meine guten, braven, treuen Leute. Stets stehen sie früh auf und sorgen, unauffällig, für Ordnung.

„Der versteinerte Präsident", Blogbeitrag, 30. Juni 2018

# Kopflose Frauen

Bei mir im Viertel, unweit vom Präsidenten, sind sie da: die kopflosen Frauen.

Sie stehen den ganzen Tag an der Iwan-Franko-Straße und warten auf Kundschaft. Sie tragen stets Weiß. Naja, vielleicht kein ganz sauberes Weiß. Es kann nicht anders sein: Es ist eine viel befahrene Straße, die Autos sind oft alt, es ist verschmutzt. Hätten sie einen Kopf würden sie husten. Eine Petition gegen Diesel können sie nicht unterschreiben, denn Arme haben sie auch nicht.

Es sind so viele! Es gibt zwar auch welche woanders in der Stadt, aber hier befinden sie sich in einer Menge konzentriert. Die Straße ist dafür bekannt. Die Masse steht hier wohlgemerkt nicht für billig. Nein. Hierher kommt man auch zum Schauen, bevor man kostengünstigere Varianten im Internet bestellt.

⁂

Kopflose Gestalten findet man auch in Geschäften. Sie sind absolut sauber, makellos. Bei aller Vielfalt – mit Spitze (im Trend), Steinen (klassisch), Pailletten (glänzend), gestickt (traditionell) oder seltener mit Perlen geschmückt – sind sie stets lang (es muss

*Die kopflosen Frauen von der Iwan-Franko-Straße.*

sein). Eines fand ich hübsch. Es kostete 10 000 грн – etwa 325 Euro –, viel Geld für die hiesigen Gehälter.

„Wann kommen sie zum Einsatz?“, frage ich die Verkäuferin, die nach ihnen Ausschau hält. Man schließt bekanntlich den Bund der Ehe nicht so oft. „Auf Geburtstagen, Familienfeiern, Bällen“, ist ihre schlichte Antwort. Ach so, vielleicht wollen sie einmal, ein einziges Mal, getragen werden, wohl wissend, dass sie auf Fotos verewigt werden. Im Geschäft sind wir – meine Begleiterin und ich – allein. Die Verkäuferin sagt, es sei nicht die Saison. Wir kaufen auch keine. Auf Bälle werden wir nie eingeladen und Feuilletons zu schreiben, führt selten auf den roten Teppich.

⁂

Die kopflosen Frauen sind alle so schlank. Meine Begleiterin macht sich Sorgen um die stabileren Frauen. Sind sie gar nicht vertreten? Und was ist mit Schwangeren – davon solle es so viele geben? Nach langer Suche, kommen wir ihnen auf die Spur: Sie befinden sich zwar nicht auf der Straße, im Schaufenster oder im „Showroom“, sondern in den hinteren Boutiquen und in den Kellern der langen Höfe. Da, vor neugierigen Blicken geschützt, werden sie justiert, breiter gemacht, angepasst.

⁂

Es ist wahrhaftig eine Industrie. Ein Blick auf die Straße reicht, um es sich zu vergegenwärtigen. Den kopflosen Frauen folgen andere Geschäfte: welche mit Schuhen, Blumen, Tischdekorationen und Fotoateliers.

Und ihre Männer? Hier sind sie weit und breit nicht zu sehen. „Vielleicht sind sie gerade anderswo, in eigenen Geschäften?“, wage ich als Erklärung. Meine Begleiterin scheint daran zu zweifeln. Sie schaut mich an und verdreht die Augen.

**„Kopflose Frauen“, Blogbeitrag, 7. Juli 2018**

# Menschen mit Auftrag

## Die Katzenfrau

Sie hat eine Mission, einen wichtigen Auftrag zu erfüllen: Sie füttert die herrenlosen, herumstreunenden Katzen der Stadt. Auch sorgt sie dafür, dass sie kastriert werden und gesund bleiben. Eine Chronik zum Tierschutz beim lokalen Radiosender hat sie gehabt. Sie ist die Katzenfrau Lembergs.

Zu Hause kann sie die Allergiker*innen unter den Soziolog*innen nicht empfangen, denn Katzen hat sie in der Wohnung viele, über zwanzig wird spekuliert. Wir treffen uns an einem geheimen Ort. Dort pflegt sie neun Katzen. Ich verrate den Namen des Ortes nicht, da ich der Katzenfrau keinen Schaden zufügen möchte. Auf einen Spendenaufruf verzichte ich damit ebenso. Die Katzenfrau wird nämlich oft erpresst. So soll eine Frau sie angerufen haben und sie bedroht haben: „Ab Morgen bin ich in Rente. Ich komme nicht mehr zum Ort XYZ. Wenn du die Katzen nicht fütterst, hast du sie auf dem Gewissen." Solche Bedrohungen bekäme die Katzenfrau öfter. Kein Wunder, dass sie nicht gerne ans Telefon oder an die Tür geht.

Wenn Sie sich vorstellen, dass die Katzenfrau komisch ist, irren Sie sich. Sie ist menschenfreundlich, offen, normal. Nur die Tasche mit Katzenfutter und Leckerli mag sie verraten, und dass sie selten in den Urlaub fährt.

**Die Kreuzfrau**

Aus dem Innern der Kirche nimmt sie unseren Anruf entgegen. Sie kommt raus und erzählt von einer Mission, die es zu erfüllen gilt: Das Land vom Bösen zu retten. Zum Glück ist sie nicht allein. Es sind andere, die ihr zur Seite stehen. Sie ist die Kreuzfrau Lembergs.

Vor den Präsidentschaftswahlen im Jahre 2004 hat sie, zusammen mit Gleichgesinnten, ein Holzkreuz gebaut und es neben der Mutter Gottes – von der der Auftrag wohl kam – unweit vom Adam-Mickiewicz-Platz aufgestellt.

Seitdem sind viele Wunder und heroische Taten geschehen – das Kreuz wurde bis zum Maidan in Kyïv transportiert, zum Teil auf dem Rücken getragen, irgendwann von Aktivistinnen abgesägt, später wieder aufgebaut. Am Maidan soll das Kreuz auch geblutet haben.

Heute sind die Unruhen im Land nicht ganz vorbei, aber es geht wieder einigermaßen. So ist die Kreuzfrau in der Kirche. Eine Katze hat sie bestimmt nicht, denn sie ist viel unterwegs, auch im Ausland: Sie pilgert von einem Ort zum nächsten. Sie organisiert und fordert Menschen auf, mit ihr auf Pilgerreise zu gehen. Sie ist eine Unternehmerin des Glaubens.

Für diejenigen, die in der Stadt bleiben müssen, ist das Gelände um das Holzkreuz ein Mini-Pilgerort. Dort trifft man stets einzelne Männer mit Kurzhaarfrisuren und umgehängten Taschen sowie Frauen aller Haarlängen – je älter, desto kürzer. Sie stellen sich vor das Kreuz, beten und bekreuzigen sich; manche küssen es. Manchmal gibt es auch Gruppen, mit Flaggen und Megaphonen.

Eine Genehmigung von der Stadt gab es für das Kreuz wohl nie, aber wer würde schon auf die Idee kommen, es zu thematisieren? Sogar diejenigen, die an der Kraft des Kreuzes zweifeln, wollen das Schicksal nicht unbedingt herausfordern.

Wenn Sie sich vorstellen, dass die Kreuzfrau komisch ist, irren Sie sich. Sie ist eloquent, beschäftigt, normal. Sie redet viel und gerne. Nach einer bestimmten Zeit zieht sie schnell ein Tuch über den Kopf und geht mit raschem Schritt wieder in die Kirche, um einen höheren Anruf entgegenzunehmen.

**Die Dichter**

Wir laufen auf einer Straße in der Altstadt. Meine Begleiterin kennt alle, so kommt es mir vor. „Der da ist Dichter“, sagt sie, als ob es das Normalste der Welt wäre. Ein paar Minuten später passiert es zu meinem Erstaunen wieder: „Er ist ein Dichter aus Lemberg.“ Und nochmals: „Sie ist eine wichtige Lyrikerin.“ Wir stehen und unterhalten uns noch mit einem Mann, der nebenbei erwähnt: „Ich habe damals ein Gedichtband veröffentlicht.“

Ich sitze bei einer Lesung und höre mir die Dichter an. Manche sind ziemlich pathetisch, aber es scheint nur mich zu stören. Es geht um das Land, die Sprache, auch um Religion. Die meisten Dichter sind allerdings modern und mit anderen Themen beschäftigt; sie arbeiten nicht unbedingt mit Reimen. Bei aller Unterschiedlichkeit haben sie eine höhere Mission: Die Kunst, die Sprache. Wenn sie ihre Gedichte vorlesen, habe ich – wie bei der Kreuzfrau – manchmal den Eindruck, dass ich ihre mir noch unbekannte Sprache verstehe.

Sichtlich brauche ich Nachhilfe. Freunde und Bekannte wollen mir helfen. So bekomme ich eine große Anzahl von Büchern, Sammlungen, schön gebunden, in vielen Sprachen übersetzt. Auf meinem Schreibtisch entsteht eine bunte Sammlung von Texten. Ich lese sie und stelle fest, dass ich bei den Feuilletonisten aus den 1920er und 1930er Jahren, die ich so gerne lese, die Gedichte und Lieder immer übersprungen habe. Bei Tucholsky war mir Peter Panter immer lieber als Theobald Tiger.

Es liegt bestimmt an mir, denke ich, Soziologin und Hobby-Belletristin. Ich entscheide mich also, den Literaten unter meinen Freunden, Bekannten und Verwandten zu fragen. Ich will die hiesige Lage besser einschätzen. Wenn Sie sich vorstellen, dass Dichter in Lemberg komisch angesehen werden, dann irren Sie sich. Im Kontext des Krieges im Osten des Landes haben sie eine Mission.

Ich habe weder eine Katze adoptiert, noch eine Pilgerfahrt unternommen, aber auf einer Abendveranstaltung habe ich inzwischen selbst etwas vorgelesen.

„C'est étrange", Blogbeitrag, 19. Juli 2018

# Tango in Lewandiwka

In der Menge, die ich beobachtete, fielen mir zwei Personen auf: Eine elegante und etwas verwelkte – oder zu dick geschminkte? – Frau, die ein Seidenkleid trug, das ihren Rücken entblößte, und ein Mann in einem hellbeigen Anzug, zu kokett für den Anlass. Inmitten von Frauen fortgeschrittenen Alters in Röcken, 7/8-Hosen und Sandalen saßen sie auf der Tribüne vor der Hauptbühne des Festivals in Lewandiwka*. Diese war am Eingang des dortigen Jugendzentrums aufgebaut worden, das sich in einem ehemaligen sowjetischen Kino befindet und jetzt in den ukrainischen Nationalfarben gestrichen ist. Als ich sie fotografierte, wurde mir plötzlich klar: Die zwei exotischen Vögel waren die Tangolehrer, die im Programm, das ich gerade studiert hatte, angekündigt waren.

* Lewandiwka ist ein Bezirk Lembergs.

Mein Tango ist wie mein Polnisch: Ich bin nicht sonderlich gut, aber ich kann's ein bisschen. Während meine Kolleginnen mit der Organisation des Festivals beschäftigt waren, das die Entwicklung des Stadtteils fördern sollte, der im Vergleich zum Zentrum als weniger vornehm gilt, habe ich mit dem extravaganten Mann und der schillernden Frau getanzt, und mit einigen Kindern auch. Ich war wie verzaubert: Ich konnte mich bewegen, neue Menschen und ein neues Viertel der Stadt kennenlernen.

⁂

„Where can I dance tango in Lviv?“, fragte ich den Lehrer, etwas außer Atem.

„Every Sunday, on the market square“, antwortete er sogleich.

„Do I have to be accompanied?“ Diesmal ließ die Antwort länger auf sich warten. Hatte ich etwa einen Fauxpas begangen? Ich startete einen neuen Versuch. „Are there not enough men?“ Weiterhin Stille.

„There are enough men, but they won't dance with you. I mean, not with a stranger. I do, but they won't …“, erwiderte er schließlich.

⁂

Zwischen zwei Milongas schaute ich mich in der Umgebung um. Es gab Männer auf Fahrrädern, Jugendliche in abgeschnittenen Jeans, einige Alkoholiker, Familien, eine Dame, die manchmal in der Altstadt bettelte, und viele Kinder. Die Musik spielte immer noch. Ein betrunkenes Trio, zwei Männer und eine Frau, tanzte. Später entdeckte ich auch die schmucken Häuschen vom Anfang des letzten Jahrhunderts, einen kleinen Wald, Geschäfte, die von einem starken Weihrauchgeruch umgegebene Kirche und Bauten aus der kommunistischen Zeit im Hintergrund. Ich habe in einem rustikal-schicken Restaurant gespeist, das mit dunklem Holz, Kacheln und Kristallleuchtern ausgestattet war. Eine meiner Kolleginnen hatte es als „normal" bezeichnete. Ich wusste, was sie meinte; sein Inneres erinnerte an die Einrichtung meiner Wohnung im Zentrum der Stadt.

Meine Kolleginnen hatten all ihre dringenden Angelegenheiten erledigt. Das Wetter war angenehm und wir entschieden uns, zu Fuß ins Zentrum zurückzukehren. Ich war immer noch wie verzaubert. Die wilde Zusammensetzung des Viertels, einige Kilometer vom historischen und touristischen Zentrum der Stadt entfernt, gefiel mir äußerst gut.

⁂

Das Festival erstreckte sich über die ganze Woche vor dem Nationalfeiertag. Am darauffolgenden Tag nahm ich mit einer Gruppe von Mädchen an einer Schnitzeljagd durch das Viertel teil. Auf den Spuren des Filmemachers Paradschanow, der dem Festival seinen Namen gegeben hatte, sind wir herumgelaufen, haben Indizien gesucht und mehr über die Geschichte des Viertels erfahren. Wir haben uns auch näher kennengelernt. Auf meine Frage: „Wo sind die Jungs?", zuckten meine Mannschaftskolleginnen nur resigniert die Schultern.

Später stellte ich die Frage erneut; diesmal an Erwachsene. Die Männer, hieß es, spielen lieber Fußball, als an kulturellen Veranstaltungen teilzunehmen. Als wir Richtung Stadtzentrum gingen, zogen mich die Kolleginnen in eine Restaurant-Bar unweit des Parks und des künstlichen Sees Lewandiwkas. Dort bestand das Publikum im Wesentlichen aus Männern. „Fußball macht wohl durstig", dachte ich mir.

⁂

„Warst du nochmal Tango tanzen?" erkundigte sich meine Mutter am Telefon.

„Ich war hin- und hergerissen, stolz und neugierig zugleich. Am Ende bin ich doch hingegangen."

„Das freut mich. Zumindest konntest du den Leuten beim Tanzen zugucken …"

„Es hat geregnet … Es wurde nicht getanzt, diesmal nicht."

⁂

Während meiner Zeit in Lemberg hatte ich fast ausschließlich mit Frauen Kontakt. Zugegebenermaßen hatte ich viel mit Menschen aus dem Kulturbereich zu tun … Wie dem auch sei: Die wenigen Männer, mit denen ich mich unterhalten habe, waren entweder schwul, Ausländer oder Tangolehrer.

„Du vergisst deinen alten Stalker, den von der Polizei", erinnerte mich meine Mutter.*

Ich fand es irgendwie schade, auch weil es sich als schwierig erwies, das Thema anzusprechen. Stets wurde die Stirn

* Siehe „Prost!", S. 159.

gerunzelt, immer, wenn ich den Versuch unternahm, die Situation jenseits meiner eigenen Person zu verstehen. Allem Anschein nach, war ich die Einzige, die sich dafür überhaupt interessierte.

„Tango in Lewandiwka", Blogbeitrag, 15. September 2018

# Negative Interaktionen

„Vorsicht, ihr Schal!", „Auf der anderen Seite des Flusses zu fahren, ist viel schöner", „Die Zeitung liest doch keiner mehr", „Hier dürfen sie nicht Fahrrad fahren!", „Gesundheit!", ein normaler Tag in Thüringen, nicht wahr?

Zusätzlich zu den vielen Zeichen der Höflichkeit „Hallo", „Guten Tag", „Danke", „Bitte", „Auf Wiedersehen" wird auf einen aufgepasst – und man wird belehrt. Manchmal wird man auch angefasst, so, wenn man einen Fussel auf dem Mantel hat: „Warten Sie mal, Sie haben da was."

Die Diskussion wird meistens weitergeführt. Oft hat sie sogar einen typischen Verlauf. Es geht sozusagen dialektisch zu: „Stimmt gar nicht: Auf der anderen Seite ist es nicht schön." „Hier darf man doch Fahrrad fahren." Oder: Man beschwert sich, dass sich beschwert wird. Es ist eine Spirale, bei der man eigentlich gut ins Gespräch kommt.

„Das ist ein altes Lied", kommentierte ein Kollege, als ich das Thema ansprach. Er fuhr fort: „Tucholskys Texte aus den 1920er und

1930er Jahren sind voll davon.“ Gewiss, dieses Lied hat zwei Regimewechsel überlebt, aber es mag doch nicht so selbstverständlich und universell sein, wie er es meint.

⁂

Als ich mich für vier Monate in der Westukraine aufhielt und den Alltag dort als Stadtschreiberin beobachtete, habe ich oft an diese Momente – negative Interaktionen, nenne ich sie – gedacht. Mich hat dabei fast das Heimweh nach Thüringen erfasst. Sprachlich eingeschränkt und unter dem dort empfundenen Mangel an Interaktionen leidend, habe ich sie vermisst, diese negativen Interaktionen. Plötzlich fiel mir auf: Niemand war da, um mich darauf aufmerksam zu machen, dass mein Schuh – oder meine Tasche – offen war oder ein Fussel auf meinem Mantel klebte.

Sie sind zwar nicht immer freundlich, aber immerhin erzeugen die unaufgeforderten Kommentare soziale Interaktionen. Man kann diese Art von Konversationsmaschinen, wie zwei bekannte Soziologen es mal nannten,* kritisieren, aber sie schaffen Gemeinschaft.

* Berger/Luckmann (2012 [1966]), S. 163–165.

bisher unveröffentlicht

Detektivin des Alltags

# Ab durch die Mitte

# Bodenständigkeit

## Ein Wort von der Straße

Anlässlich des Todes Auguste Rodins im Jahre 1917 schrieb der deutsche Soziologe Georg Simmel einen Nachruf. Darin berichtet er über seine Begegnungen mit dem französischen Bildhauer. Rodin habe sich ihm gegenüber geöffnet, denn die „individuelle, konventionsfreie deutsche Äußerungsart schien ihm sympathisch zu sein".*

* Simmel (2000 [1917]), S. 307–312.

Als wir diesen Text 2019 im Seminar an der Universität in Montreal lasen, fragte einer der Teilnehmer*innen, was damit wohl gemeint war. Ich vermute, gab ich zur Antwort, dass Simmel auf Unterschiede zwischen dem deutschen und französischen Kommunikationsstil und Verhalten anspielte, wobei das Französische als formell, protokollarisch, gekünstelt galt. In diesem Satz prahlt Simmel mit seinen Fähigkeiten als Interviewer, der die *langue de bois* des Künstlers geknackt hätte und so in dessen Seele vorgedrungen wäre. Zu jener Zeit, fügte ich hinzu, war es ein oft gemachter und aufgeladener Ländervergleich. Man brauche nur, sagte ich etwas altklug – was mir nun im Nachhinein peinlich ist –, an Karl Krauss oder Thomas Mann zu denken.

In seinem deutsch-französischen Vergleich vom 18. Jahrhundert bis zum Ende des Ersten Weltkrieges distanzierte sich der junge Norbert Elias von der Kulturkritik.*

* Elias (2017/1997 [1939]).

Statt den Vergleich zu werten, war er bemüht, dessen Ursache, Bedeutung und Einfluss zu verstehen und zu erklären. Damit war schon ein Schritt in Richtung Soziologie gemacht. In der Antithese zwischen zwei Leitworten – Kultur und Zivilisation – führte er die Prägung des Nationalcharakters beider Länder auf unterschiedliche Schichten oder Trägergruppen – das damalige deutsche Bürgertum und die französische höfische Gesellschaft zurück – und deren Dispositionen und Wertvorstellungen.*

* Elias (2017/1997 [1939]), S. 90.

Gegenwärtig ist der deutsch-französische Vergleich in alltäglichen und intellektuellen Diskursen weitgehend verschwunden. (Wer hat denn heute noch etwas an den Franzosen auszusetzen?) Die deutsche Art des Redens hat sich zwar vom alten Vergleich emanzipiert, es finden sich aber noch immer Spuren davon in den Äußerungen der hier Untersuchten und deren Gebrauch des Wortes Bodenständigkeit bzw. bodenständig.

Weil es in andere Sprachen unübersetzbar ist, lenkt das Wort auf etwas Eigenartiges. In ihm findet sich der Ausdruck eines Bewusstseins und eines Stolzes, der für meine Gesprächspartner*innen selbstverständlich schien, für andere jedoch schwer erklärbar ist.

Ich muss gestehen, dass das Wort mir lange nicht vertraut war, dass es für mich irgendwie nicht existierte. Als ich ihm in nebensächlichen Kommentaren in Gesprächen und Zuschriften, aber auch in Büchern und auf Instagram begegnete, machte es mich stutzig und überraschte mich stets erneut.

Hier sind einige Gesprächsfetzen und Schnipsel, die ich im Laufe des Projekts aufgeschnappt habe und die die Bodenständigkeit näherbringen. Ich fange mit einem Zitat aus einem Buch an.

**„Nicht die Eliten, sondern die Mittelschicht prägt das Modell eines gelungenen Lebens"**

Elias sah im Bürgertum – die Mittelschicht des 18. und 19. Jahrhunderts – die Schicht, die den „deutschen Nationalcharakter" dauerhaft geprägt hatte. Er hätte den Satz schreiben können. Doch ich entnehme ihn aus Cornelia Koppetschs 2013 erschienenem Buch *Wiederkehr der Konformität. Streifzüge durch die gefährdete Mitte*. Darin weist die Soziologin auf ein generelles und diffuses Gefühl der Unsicherheit unter Vertretern der Mittelschichten hin, das die Mitte als Idee heute attraktiv mache.* Die verbreitete bekannte Kulturkritik des Alltags, das Schimpfen in Kneipen, beim Friseur, auf Forumsdiskussionen und auf Facebook,* die mit einem „Uns geht es doch gut" endet oder mit einem „Uns geht es doch zu gut" gekontert

* Koppetsch (2013), S. 7. In ihrem späteren Buch (2019) bringt sie diese Idee mit Rechtspopulismus in Zusammenhang.

* Siehe „Negative Interaktionen", S. 193.

wird, entspricht dieser Stimmung und sozialwissenschaftlichen Zeitdiagnose.

Dieser Blick auf die Mitte macht die Grenzen des Ansatzes eines der am meisten zitierten zeitgenössischen Soziologen, Pierre Bourdieu, sichtbar und bringt nolens volens den deutsch-französischen Vergleich wieder ins Spiel. Am Beispiel seines Herkunftslandes zeigt Bourdieu, dass eine Distinktionslogik der Motor der gesellschaftlichen Entwicklung sei.* Mit einem besonderen Blick auf Kunstgeschmack und -verhalten beschreibt er, wie Individuen sich abgrenzen. In Frankreich sei der Blick nach oben gerichtet.

* Bourdieu (1987 [1979]).

Im heutigen Deutschland sieht es, so scheint es mir, dagegen anders aus. Überhaupt schaut man weniger nach oben, sondern eher auf die Mitte, um ein Vorbild zu finden.*

* In Polen scheint die Situation der Frankreichs zu ähneln, vgl. Kurpiel (2017).

*Als Begriff verweist die „Bodenständigkeit" auf eben diese Mitte.* Sie ist kein soziologischer Begriff, sondern ein Alltagsbegriff, ein Wort von der Straße, das auf eine Haltung, ein Verhaltensmuster, eine Lebensführung sowie eine soziale Verortung und Identität hinweist. In Materialität (wie Modeaccessoires oder Esskultur) sowie bestimmten Praktiken, Ästhetiken und Redeweisen kommt sie zum Ausdruck. Weil das Wort quer durch soziale Schichten läuft, bietet es Stoff für soziologische Feuilletons; es kitzelt ein feuilletonistisches Vorgehen sozusagen heraus.

**„Bodo Ramelow isst mittags einen Imbiss in der Fleischerei in der Nähe der Staatskanzlei"**

Das erzählte mir stolz ein Bekannter aus Erfurt. Das Lob der Mitte heißt nicht, dass es keine Eliten gibt. Nein. Sie sollten aber ein bestimmtes Verhalten aufweisen. So beim Ministerpräsidenten Thüringens. Er könne durchaus Staatsmann sein; seine Krawatte ziehe er aber aus, sobald er das könne. Trotz höherer Funktionen esse er Thüringer Bratwürste; er sei konventionsfrei, authentisch, nahbar, ja bodenständig. Diese Haltung, die natürlich nicht kalkuliert sein sollte, gilt nicht nur der Politik: Im Fußball verkörpern zum Beispiel Bastian Schweinsteiger oder Lukas Podolski diese Haltung: Sie sind zwar reich und bekannt, aber doch – und hier kann Cristiano Ronaldo als Gegenbeispiel angeführt werden –, „am Boden" geblieben.

Diese Haltung hat generell eine positive, ethische Färbung. Ihr haftet eine Logik des „Trotzes" an, die den Umgang mit Erfolg (Ruhm, Geld, Bildung) mit einer Basis verbindet: Berühmt, aber nicht arrogant. Reich, aber nicht verschwenderisch. Ausgebildet, aber nicht eingebildet.*

Wenn man mit einer Antithese arbeiten will, könnte man – um zur Politik zurückzukommen – als Gegenbeispiel zu Ramelow den Bundesaußenminister Heiko Maas als Beispiel nennen. Mit seinen eng geschnittenen Anzügen oder seinem umgebundenen Schal und den Sneakers zieht er

* Siehe „Depeche Mode und die Rhetorik der Wertschätzung", S. 138.

sich modisch, hipstermäßig an, was für Aufregung sorgt, die anderswo schwer vorstellbar ist.*

* Hipster nach Maas, SZ-Magazin, 5. November 2018. Ich danke Thomas Schmidt-Lux für dieses Beispiel.

*Die Bodenständigkeit ist eine Haltung oder ein Ethos des Maßhaltens – nicht zu viel (sich extravagant kleiden, üppig essen und ausschweifend leben), nicht zu wenig (ungepflegt sein, sich gehen lassen) –, der Diskurse, Verhalten und Geschmack prägt.* Und doch können in der Realität lauter kleine Kontraste und Irritationsgipfel existieren, ohne dass die Bodenständigkeit als Prinzip dabei fundamental erschüttert wird.* Abweichungen – nicht gebügelte Hemden, ein Bier zu viel – kommen durchaus vor, und auch Bemühungen, sich von anderen sozial und kulturell abheben zu wollen, vor allem durch Kinder und den Besuch bestimmter Schulen und die Teilnahme an kulturellen und sportlichen Aktivitäten oder über die Wahl des Wohnortes.

* Siehe „Das Mittelgebirge“, S. 65.

**„Mein Mann trägt auch gerne karierte Hemden …“**

Das erwähnte Marion, als wir uns nach vielen Jahren zum Kaffee wiedertrafen. Wir hatten vor ungefähr 15 Jahren in einer Schule eine Zeit lang zusammengearbeitet. Ihr Mann hatte meinen Artikel gelesen, in dem ich behaupte, dass karierte Hemden – eine gegenwärtige Erscheinung im Straßenbild Erfurts und Thüringens – Sinnbild der Bodenständigkeit seien. Er habe sich ertappt gefühlt und sei etwas verlegen gewesen. Er fühlte sich genötigt zu sagen, berichtete mir seine Frau stellvertretend, dass er sie trotzdem gerne trage.

Bei aller Normalität rufen karierte Hemden ambivalente Reaktionen hervor, wenn sie erstmal wahrgenommen werden. Die karierten Hemden sind nicht zu verwechseln mit den Hemden, die von heutigen Hipstern – was man früher Boheme nannte – getragen werden. Außer in einem Café sind Letztere in Erfurt kaum zu finden. Aber die „normalen" karierten Hemden werden mitunter als langweilig oder abenteuerlos verschmäht. Dann haftet ihnen für manche Gruppen und Beobachter der Bodenständigkeit eine negative Wertung an.

Auch hierfür kann ich einige Beispiele aus Gesprächen und Zuschriften zu meinem Text anbringen: „Kurzärmlige karierte Hemden sind spießig und meistens verheiratet" (Elisabeth); „Meine Freundin ist mit einem karierten Hemd zusammen, ich könnte es nicht" (Susanne). Ironische Reaktionen gab es auch: „Guck mal, Barbara, was ich extra für Dich angezogen habe 😉" (Johannes), und Menschen, die zum Hemd standen (wie Bernd im Text „Das gewünschte Ende der Ambivalenzen").

*Die Bodenständigkeit wird allgemein positiv betrachtet, aber die Gefahr besteht, dass sie nach unten zu offen ist.**

* Bourdieu (1987 [1979]) spricht mit „goût de nécessité" von denjenigen, die sich nichts anderes leisten können und die das Vorhandene hochhalten, aus der Not eine Tugend machen. Es sei hier erinnert: Auch die Eliten betrachten Äußerungen von Bodenständigkeit weitgehend als legitim.

### „Ich bin kein Bourgeois!"

Am Beispiel des 1928 erschienenen Textes „Die Glaubenssätze der Bourgeoisie" des Feuilletonisten Kurt Tucholsky hatten am Anfang des Projekts, das diesem Buch zugrunde liegt, eine Kollegin und ich einen ironischen Text verfasst. In „Die zehn Glaubenssätze der Bourgeoisie in Erfurt und Kalisz" hatten wir zwei Fälle porträtiert, einen aus Erfurt und einen aus der polnischen Partnerstadt. Anhand von Gesprächen und Beobachtungen hatten wir Prinzipien konturiert, die dem alltäglichen Handeln dieser zwei Fälle zugrunde lagen. Als die deutsche Gesprächspartnerin den Text las, war sie empört. Sie sei Teil der Mitte, aber „bourgeois" sei sie auf keinem Fall und Glaubenssätze hätte sie sowieso nicht. Sie kündigte ein geplantes Treffen sowie ihre Mitarbeit im Projekt auf. *Von einigen Ausnahmen abgesehen,* kennzeichnet sich die Bodenständigkeit offensichtlich nicht durch Ironie.*

* Siehe „Für Frieden und Sozialismus seid bereit! LOL", S. 47.

Nach dieser bitteren Erfahrung bin ich vorsichtiger geworden. Ich habe mir mehr Zeit genommen, meine Arbeit zu erklären und habe auf den Begriff „bourgeois" ganz verzichtet. Menschen müssen nicht die gleichen Wörter wie Soziolog*innen benutzen, aber sie müssen sich wiedererkennen können, vor allem in Zeitungsartikeln wie ich sie schon damals schreiben wollte. Im Geist des Feuilletons fing ich an, über Untätowierte, Unparfümierte und die nüchterne

Mitte der Gesellschaft zu schreiben. Anhand von Materialität habe ich den Blick auf eine besondere Haltung gelenkt und weniger auf sozio-ökonomische Begriffe, denen mitunter ein negatives Urteil anhaftet.

In der Sprache der Soziologie könnten zwar ein Teil meiner Gesprächspartner*innen – vor allem der ursprüngliche Kern der Studie – vermutlich der alten Mittelklasse, dem Mittelstand oder einem modernen Kleinbürgertum zugeordnet werden. Sie lebten in komfortablen Verhältnissen, waren beschäftigt, vernetzt, anständig. Doch als konformistisch und wertkonservativ – wie die alte Mittelklasse – können sie nicht adäquat beschrieben werden. Sie waren durchaus liberal und, obwohl sie in Paaren lebten, waren sie nicht alle verheiratet und, wenn doch, oft „heimlich"*.

Mit anderen Worten: Die Kategorien „bourgeois" – das Gleiche gilt zugebenermaßen für die „alte Mittelklasse", „Kleinbürgertum" und „Bürgertum" – kamen zu kurz. Sie versperrten manchmal den Blick für Details und behinderten die Kommunikation zwischen Beobachteten und Beobachterin. Mit der Bodenständigkeit kommen neue Dimensionen hinzu, die quer durch diese Kategorien laufen: Das Lokale und ein Städtetypus, der in Deutschland noch oft anzutreffen ist. Mit anderen Worten: Soziale Klassen können Dimensionen der Bodenständigkeit mitbedingen, sind aber nicht unbedingt mit ihr identisch.

* Siehe „Der Geheimbund der Ehe", S. 20.

**„Er weiß, wo er hingehört"**

Das sagte eine Frau über ihren Sohn, der gerade im Ausland studierte. Meine Gesprächspartner*innen fahren weg, kommen wieder und ihre volljährigen Kinder studieren in, wie sie sagen, Ostdeutschland.

Sie sind mit einem Ort verbunden und haben einen besonderen Bezug zur Region, eine Bindung an einen Ort. Sie sind auch stolz auf ihre Region. Es ist eine Dimension, die man – schlägt man in einem Lexikon nach – unter Bodenständigkeit findet.* Man bemerkt jedoch eine gewisse Elastizität, denn: Der Ort kann in Maßen übertragbar sein. Diejenigen, die Erfurt als „zu klein" einschätzten, betrachteten wohl aber die Region – mit ihrer Kultur und Natur – als ihre Heimat.

* Siehe Duden (1976; 1989; 1993; 1999; 2014).

Die Bodenständigkeit ist nicht etwas spezifisch „Ostdeutsches" – die Schwaben sind dafür sprichwörtlich bekannt. Das politische System der DDR verhielt sich der Bodenständigkeit indifferent, stand ihr mitunter positiv gegenüber, zumal sie sich der früheren Eliten weitestgehend entledigt hatte und neue sich aus der Mitte rekrutierten – wo die Bodenständigkeit gedeiht. Während man sozialistische Überzeugungen annehmen kann, bleibt es schwierig, sich von den eigenen Wertvorstellungen und Dispositionen zu lösen.*

* Dem DDR-Schmalfilm Archiv „Open Memory Box" (open-memory-box.de) haftet ein Hauch von Bodenständigkeit an und produziert sie zugleich, indem es den Alltag der DDR ästhetisiert.

### „Erfurt ist nicht so elitär wie Leipzig"

Das sagte John, ein amerikanischer Historiker, der gerade in Leipzig einen Forschungsaufenthalt absolvierte und mir einen Besuch in Erfurt abstattete. Als wir durch die Straßen wanderten, habe ich ihn gefragt, was seine Eindrücke von der Stadt waren. Die mittelalterlichen Gebäude der Stadt seien nicht so hoch, die Männer trügen keine Bärte und überhaupt seien die Menschen nicht so extravagant. Wenn er das Wort gekannt hätte, hätte er vielleicht vom „bodenständigen Flair" gesprochen.

In seinem Buch *Gesellschaft der Singularitäten. Zum Strukturwandel der Moderne* widmet sich der Soziologe Andreas Reckwitz der „neuen Mittelklasse" in Westeuropa und Nordamerika. Sie sei dadurch gekennzeichnet, argumentiert er, dass sie akademisch ausgebildet sei, in großen Städten und Metropolregionen lebe und sich zu differenzieren trachte – in seinen Worten: zu singularisieren. Wenngleich diese Tendenz in Erfurt durchaus zu beobachten ist, vor allem, was Kinder und Wohnort angeht,* prägt die Bodenständigkeit – mehr als die Singularität – Erfurt und große Teile Deutschlands.*

Mag sein, dass Erfurt – viel mehr als Leipzig oder Berlin-Mitte – Deutschland ist: eine

* Es gilt für Menschen (siehe „Der diskrete Charme des Religionsunterrichts", S. 79), aber auch für die Stadt mit ihrem wiederaufgebauten und stolz vermarkteten historischen Kern. Zur „Singularisierung" der Städte siehe Fischer (2012).

* Was Reckwitz auch eingesteht (2018 [2017]), S. 277, 367 und Fußnote 188). Nicht zu vergessen: 68,1 Prozent der Deutschen leben in kleinen und mittleren Städten (unter 100 000), vgl. Statistisches Bundesamt (2018).

mittelgroße Stadt in Mitteldeutschland, sozusagen die Mitte der Mitte.*

Neben Johns Beschreibung habe ich einige Zitate aus Zuschriften und Gesprächen notiert und gesammelt, die sich auf Erfurt beziehen: „mittelgroße verbürgerlichte Hauptstadt", „bürgerliche Verwaltungsstadt, die sich durch ihre Wohn- und Beziehungsdichte auszeichnet" (Theresa); „Erfurt ist ein Dorf" (Anja); „in Erfurt kann man immer jemanden treffen, der einen kennt" (Marlene); „das ist der Juwelier, der im schönen Haus an der Gera wohnt" (Susanne).

* Mit einem Bruttoeinkommen von 30 657 Euro je Arbeitnehmer (2017) steht Erfurt über dem ostdeutschen Durchschnitt, aber unter dem westdeutschen. Ähnliches gilt auch für die Arbeitslosigkeit (5,7 Prozent) bzw. für die Unterbeschäftigungsquote (7,9 Prozent). So der Stand im März 2019: Statistische Ämter (2019)

**„Sie ist so natürlich und gar nicht abgehoben mit ihrem Professor-Titel"**

Das schrieb die Mutter einer Erfurter Freundin in einer Telegram-Nachricht, nachdem wir nach vielen Jahren schließlich Bekanntschaft machten. Obwohl ich bisher auch ohne das Wort „Bodenständigkeit" zurechtgekommen war, denke ich heute manchmal, dass ich eine bodenständige Soziologie betreibe, die den Anspruch hat, sich mit etwas Konkretem zu befassen, zugänglich, nicht prätentiös ist, das heißt eine Soziologie, die einen leichten Umgang zu Theorien pflegt und sich selbst nicht allzu ernst nimmt. Der schlaue Student aus Montreal, den ich eingangs erwähnte, würde an der Stelle vielleicht anmerken, dass ich nun – ähnlich wie

Simmel in seinem Nachruf zu Rodin – kokettiere ... Ausgehend von dem einen Wort von der Straße ging es mir jedenfalls darum, durch kleine Entdeckungen das „Normale“ und das Alltägliche in ein neues Licht zu bringen, damit wir ins Gespräch kommen.

Obwohl mein Ex-Mann in einem anderen Land arbeitete und meine Tochter manchmal allein zu Hause war – was nicht zur Haltung des Maßhaltens passte und meine Gesprächspartner stets neugierig machte –, bin ich vielleicht durch das Schreiben an diesem Buch ein Stück weit bodenständig geworden. Norbert Elias sah im französischen Zivilisationsbegriff eine Inklusionschance – und vielleicht findet man durch die Bodenständigkeit jene Inklusionschance, die dem Kulturbegriff verwehrt blieb.

**bisher unveröffentlicht**

# 😉 und andere Reaktionen

Früher, so scheint es mir zumindest, war der 😉 Ausdruck von Ironie. Ein Augenzwinkern, das etwas behauptete, um sich gleich davon zu distanzieren. Ich sah in dieser Oszillation den Ausdruck einer soziologischen Form – die Ambivalenz – und einer Distanzierung, eine reflexive Sicht auf die Welt.

Nun ist der 😉 überall. Mit seiner wachsenden Popularität kommt auch die Kritik. Manifestation von Gefühlsausbrüchen wird ihm nachgesagt und als Sinnverlust gedeutet. Weil ich mir dieser Tendenz bewusst bin und den Smiley im tiefsten Herzen vielleicht schützen möchte, bin ich bemüht, den 😉 nicht allzu häufig zu verwenden; ich verhalte mich ihm gegenüber zurückhaltend.

Nach der Bedeutung des 😉 gefragt, sind jüngere Kolleg*innen sowie Studierende einer Meinung: Der 😉 verleiht der Kommunikation einen Hauch „menschlicher Wärme“. Ich schreibe „menschlicher Wärme“ in Anführungszeichen, weil alle beim Reden die Finger bewegen und damit auf eine ironische Dimension hinweisen, von der behauptet wird, dass sie verschwände.

Um nicht den Eindruck von Gefühls- und Herzlosigkeit zu erwecken und um ein Minimum an Enthusiasmus zu beteuern, das man vielleicht sonst anzweifeln könnte, füge ich manchmal ein „!" an das Ende meiner Nachrichten.

⁂

Einen Wandel der Kulturformen, gar eine Form von Dekadenz in das vermehrte Einsetzen des 😉 zu lesen, mag übertrieben oder auch furchtbar banal erscheinen, wäre mir nicht neulich etwas passiert: Zwei Kollegen und ich mussten uns auf eine Note für eine gemeinsam begutachtete Arbeit einigen. Gewöhnliche Sache. An Universitäten herrscht bekanntlich eine Inflation von Noten. Es ist ein echtes Problem, das aus der Vergabe von Noten eine frustrierende Aufgabe macht. Um dem zu entgegenzusteuern, vergaben wir eine niedrigere Note. Obwohl dies gerechtfertigt war, fühlte ich mich unwohl. Ich hatte das Bedürfnis, die Note leicht nach oben zu setzen, sozusagen ein 😉 dahinter zu setzen, um damit – ohne Ironie – ein wenig menschliche Wärme beizufügen.

⁂

In der schriftlichen Kommunikation mit meinen Erfurter Gesprächspartner*innen gab es jede Menge Smileys unter den verwendeten Emojis. Die meisten waren durchaus positive Reaktionen. Das soll aber nicht heißen, dass es keine Menschen gab, die wegen meiner Texte verärgert waren 😠. Trotz aller Vorsicht – Änderung von Namen, vorsichtige Formulierungen – waren sie pikiert. Sie sahen die Sachen anders, was ihr gutes Recht war. Interessanterweise gab es auch Menschen, die sich in einem der Texte erkannt haben, obwohl sie gar nicht gemeint waren 😃. Andere fühlten sich geschmeichelt, wobei ich nicht ohne Ironie über sie geschrieben und ihre Reaktionen sogar ein bisschen gefürchtet hatte. Überhaupt spielte Ironie eine wichtige Rolle: Sie schaffte die Nähe und bewahrte die Distanz, die soziologische Expeditionen in den Alltag möglich machen.

**bisher unveröffentlicht**

# Referenzen

Heine, Heinrich (2017 [1852 bis 1884]): *Autobiographisches. Geständnisse/Memoiren/Testament.* Berlin: Zenodot Verlagsgesellschaft

### Unterwegs durch Erfurt

König, René (1961): „Zur Soziologie der zwanziger Jahre: oder Epilog zu zwei Revolutionen, die niemals stattgefunden haben, und was daraus für unsere Gegenwart resultiert." In: Reinisch, Leonhard (Hg.): *Die Zeit ohne Eigenschaften. Eine Bilanz der zwanziger Jahre.* Stuttgart: Kohlhammer. S. 82–118

Kracauer, Siegfried (2006 [1930/1929]): „Die Angestellten. Aus dem neuesten Deutschland." In: Mülder-Bach, Inka (unter Mitarbeit von Mirjam Wenzel) (Hg.): *Werke. Band 1.* Frankfurt/Main: Suhrkamp. S. 211–310

Thériault, Barbara (2017): „Das Feuilleton. Biographie eines Genres inspiriert von Siegfried Kracauer". In: *trivium*, Nr. 26. https://trivium.revues.org/5490

Thériault, Barbara (2019): „Max Weber, Life Conduct and Contemporary Existential Cultures." In: Hanke, Edith, Scaff, Lawrence, Sam Whimster (Hg.): *The Oxford Handbook of Max Weber.* Oxford: Oxford University Press, S. 487–498

**Geheimbund der Ehe**

„Heiraten liegt weiterhin im Trend.“ *Thüringer Allgemeine*, 9. September 2017

**Bilder von uns**

Bourdieu, Pierre; Boltanski, Luc et al. (2014 [1965]): *Eine illegitime Kunst. Die sozialen Gebrauchsweisen der Fotografie.* Hamburg: CEP Europäische Verlagsanstalt

**Litfaßsäulen fürs Paardasein**

Simmel, Georg (1997 [1993/1908]): „Die Gesellschaft zu zweien.“ In: Cavalli, Alessandro, Volkhard Krech (Hg.): *Georg Simmel Gesamtausgabe. Band 8.2: Aufsätze und Abhandlungen 1901–1908.* Frankfurt/Main: Suhrkamp, S. 348–354

„Trotz ‚verflixtem‘ siebten Jahr: Weniger Scheidungen in Thüringen“. *Thüringer Allgemeine*, 15. Juni 2018

**Das Mittelgebirge**

Kracauer, Siegfried (2009/1964 [etwa 1926]): „Das Mittelgebirge.“ In: Ders., *Straßen in Berlin und anderswo.* Frankfurt/Main: Suhrkamp. S. 126–128

Simmel, Georg (1992 [1894]): „Alpenreisen.“ In: Dahme, Heinz-Jürgen, David P. Frisby (Hg.): *Georg Simmel Gesamtausgabe. Band 5: Aufsätze und Abhandlungen 1894–1900.* Frankfurt/Main: Suhrkamp, S. 91–95

Simmel, Georg (2001 [1911]): „Zur Ästhetik der Alpen.“ In: Kramme, Rüdiger, Angela Rammstedt (Hg.): *Georg Simmel Gesamtausgabe. Band 12.1 Aufsätze und Abhandlungen 1909–1918*. Berlin: Suhrkamp, S. 162–169

## Etikette einer Nekrologin

Simmel, Georg (1993 [1908]): „Das Problem des Stiles.“ In: Cavalli, Alessandro, Volkhard Krech (Hg.): *Georg Simmel Gesamtausgabe. Band 8.2: Aufsätze und Abhandlungen 1901–1908*. Frankfurt/Main: Suhrkamp, S. 374–384

Simmel, Georg (1995 [1903]): „Die Großstädte und das Geistesleben.“ In: Kramme, Rüdiger, Rammstedt, Angela, Otto Rammstedt (Hg.): *Georg Simmel Gesamtausgabe. Band 7.1: Aufsätze und Abhandlungen 1901–1908*. Frankfurt/Main: Suhrkamp, S. 116–131

## Der diskrete Charme des Religionsunterrichts

Bourdieu, Pierre (1987 [1979]): *Die feinen Unterschiede. Kritik der gesellschaftlichen Urteilskraft*. Frankfurt/Main: Suhrkamp

EKD (2014): *Kirchenmitgliederzahlen*. Stand 31. 12. 2012. http://www.ekd.de/download/kirchenmitglieder_2012%281%29.pdf, letzter Zugriff: 5. März 2014

Thériault, Barbara (2004): *'Conservative Revolutionaries': Protestant and Catholic Churches in Germany after Radical Political Change in the 1990s*. New York Oxford: Berghahn Books

Thüringer Ministerium für Bildung, Wissenschaft und Kultur, Statistikstelle (TMBWK) (2013)

Thüringer Ministerium für Bildung, Jugend und Sport, Statistikstelle (TMBJS) (2018)

Wermke, Michael (2006): *Evangelischer Religionsunterricht in Ostdeutschland. Empirische Befunde zur Teilnahme thüringischer Schülerinnen und Schüler*. Jena: edition Paideia

Wohlrab-Sahr, Monika; Karstein, Uta; Schmidt-Lux, Thomas (2009): *Forcierte Säkularität: Religiöser Wandel und Generationendynamik im Osten Deutschlands*. Frankfurt/Main: Campus

### Kurze Haare

Tucholsky, Kurt (1985 [1930]): „Schnipsel." In: Gerold-Tucholsky, Mary; Raddatz, Fritz J. (Hg.): *Kurt Tucholsky Gesammelte Werke, 1930. Band 8*. Hamburg: Rowohlt. S. 235–236

### Gelbe Autos (bodenständige Soziologie)

„Ich, der Erfurter". *Thüringer Allgemeine*, 16. November 2017

Reckwitz, Andreas (2018 [2017]): *Die Gesellschaft der Singularitäten. Zum Strukturwandel der Moderne*. Berlin: Suhrkamp

Schmidt-Lux, Thomas (2019): „Jaune." In: Pector-Lallemand, Jules (Hg.): *Feuilletons de Montréal et d'ailleurs*. Montreal: L'Esprit libre. S. 80–83

### Die Karibik-Bar – Asyl für Lebensbestrafte und andere

Kracauer, Siegfried (2011 [1930]): „Unter Palmen." In: Mülder-Bach, Inka (unter Mitarbeit von Sabine Biebl, Andrea Erwig, Vera Bachmann, Stephanie Manske) (Hg.): *Werke. Band* 5.3. Berlin: Suhrkamp. S. 350–352

### Wahlkampfhitze in der Sauna

Just, Adolf (1896): *Kehrt zur Natur zurück! Die naturgemässe Lebensweise als einziges Mittel zur Heilung aller Krankheiten und Leiden des Leibes, des Geistes und der Seele*. Braunschweig: A. Graff

Kaufmann, Jean-Claude (2006 [1995]): *Frauenkörper – Männerblicke: Soziologie des Oben-ohne.* Konstanz: UVK

### Exil von der Mitte

Simmel, Georg (2001 [1910]): „Soziologie der Geselligkeit." In: Kramme, Rüdiger, Angela Rammstedt (Hg.): *Georg Simmel Gesamtausgabe. Band 12.1: Aufsätze und Abhandlungen 1909–1918*. Berlin: Suhrkamp. S. 177–193

### Textilfrei

Kracauer, Siegfried (2011 [1931]): „Kampf gegen die Badehose." In: Mülder-Bach, Inka (unter Mitarbeit von Sabine Biebl, Andrea Erwig, Vera Bachmann, Stephanie Manske) (Hg.): *Werke, Band* 5.3. Berlin: Suhrkamp. S. 473–477

## Beaujolais nouveau. Schicksalsglaube und die Liebe

Müller, Olaf (2014): „Religiöser Wandel in Ostmittel- und Osteuropa. Ein vergleichender Abriss der Entwicklung seit 1989/90." *Theologisch-praktische Quartalsschrift*. 162. S. 227–237

Simmel, Georg (2001 [1913]): „Das Problem des Schicksals." In: Kramme, Rüdiger, Angela Rammstedt (Hg.): *Georg Simmel Gesamtausgabe. Band 12: Aufsätze und Abhandlungen 1909–1918*. Berlin: Suhrkamp. S. 483–491

Simmel, Georg (1992 [1900]): „Socialismus und Pessimismus." In: Dahme, Heinz-Jürgen; Frisby, David P. (Hg.): *Georg Simmel Gesamtausgabe. Band 5: Aufsätze und Abhandlungen 1894–1900*. Frankfurt/Main: Suhrkamp. S. 552–559

## Depeche Mode und die Rhetorik der Wertschätzung

Burmeister, Dennis; Lange, Sascha (2017): *Depeche Mode: Monument*. Brooklyn, NY: Akashic Books

Lange, Sascha; Burmeister, Dennis (2018): *Behind the Wall. Depeche Mode – Fankultur in der DDR*. Mainz: Ventil Verlag

## Kleine umgehängte Taschen

Kaufmann, Jean-Claude (2011): *Le sac. Un petit monde d'amour*. Paris: JC Lattès

## Negative Interaktionen

Berger, Peter L.; Luckmann, Thomas (2012 [1966]): *Die gesellschaftliche Konstruktion der Wirklichkeit*. Frankfurt/Main: Fischer

## Bodenständigkeit. Ein Wort von der Straße

Bourdieu, Pierre (1987 [1979]): *Die feinen Unterschiede. Kritik der gesellschaftlichen Urteilskraft*. Frankfurt/Main: Suhrkamp

Duden – *Das große Wörterbuch der deutschen Sprache* (1976, 1989, 1993, 1999, 2014)

Elias, Norbert (2017/1997 [1939]): *Über den Prozess der Zivilisation. Soziogenetische und psychogenetische Untersuchungen*. Frankfurt/Main: Suhrkamp

Fischer, Joachim (2012): *Wie sich das Bürgertum in Form hält*. Springe: zu Klampen

„Hipster nach Maas." In: *Süddeutsche Zeitung*. 5. November 2018. https://sz-magazin.sueddeutsche.de/vorgeknoepft-die-modekolumne/hipster-nach-maas-86319, letzter Zugriff: 8. August 2019

Koppetsch, Cornelia (2013): *Die Wiederkehr der Konformität. Streifzüge durch die gefährdete Mitte*. Frankfurt/Main: Campus

Koppetsch, Cornelia (2019): *Die Gesellschaft des Zorns. Rechtspopulismus im globalen Zeitalter*. Bielefeld: transcript

Kurpiel, Anna (2017): „The Sense of Uniqueness of the Kalisz Middle Class: A Sociological Essay". *Religion and Society in Central and Eastern Europe*. 10(1). S. 55–65

Reckwitz, Andreas (2018 [2017]): *Die Gesellschaft der Singularitäten. Zum Strukturwandel der Moderne.* Berlin: Suhrkamp

Simmel, Georg (2000 [1917]): „Erinnerung an Rodin." In: Latzel, Klaus (Hg.): *Georg Simmel Gesamtausgabe. Band 13.2: Aufsätze und Abhandlungen 1909–1918.* Frankfurt/Main: Suhrkamp, S. 307–312

Statistisches Bundesamt (2018): *Alle politisch selbständigen Gemeinden mit ausgewählten Merkmalen am 31. 12. 2017.* https://www.destatis.de/DE/Themen/Laender-Regionen/Regionales/Gemeindeverzeichnis/Administrativ/Archiv/GVAuszugJ/31122017_Auszug_GV.html, letzter Zugriff: 29. August 2019

Statistische Ämter des Bundes und der Länder (2019): *Bruttolöhne- und Gehälter.* www.statistik-bw.de/VGRdL/tbls/tab.jsp?rev=RV2014&tbl=tab11&lang=de-DE#tab05, letzter Zugriff: 31. August 2019

Tucholsky, Kurt [aka Peter Panter] (1993 [1928]): „Die Glaubenssätze der Bourgeoisie." In: Gerold-Tucholsky, Mary; Raddatz, Fritz J. (Hg.): *Gesammelte Werke 1928. Band 6.* Reinbek bei Hamburg: Rowohlt. S. 251–255

**Autorin**

Von ihrem Fach, der Soziologie, etwas gelangweilt und durch die Lektüre Siegfried Kracauers angeregt, entschied sich Barbara Thériault in die Stadt zurückzukehren, in der sie einst die erste Studentin (Matrikel 001) der neugegründeten Universität war: Erfurt. Dort fing die Professorin aus Montreal an, als Journalistin zu arbeiten. Heute lebt und arbeitet sie in Montreal und Erfurt.

**Bildnachweis**

Center for Urban History, Lemberg S. 177

Alle anderen Fotos: Barbara Thériault

Emoticons: Twitter, Inc and other contributors (lizensiert unter CC-BY 4.0: *https://creativecommons.org/licenses/by/4.0/*)

**Bibliografische Information der Deutschen Nationalbibliothek**

Die Deutsche Nationalbibliothek verzeichnet diese Publikation in der Deutschen Nationalbibliografie; detaillierte bibliografische Informationen sind im Internet unter *http://dnb.dnb.de* abrufbar.

ISBN 978-3-948049-05-8


Gerichtsweg 28 · 04103 Leipzig
*www.editionüberland.de*



Umschlag, Titelseite und Illustrationen
Julien Posture, Montreal
*julienposture.cargo.site*

Innengestaltung, Satz und Herstellung
Phillip Hailperin, Hofmeister Stauder.
Büchermacher, Berlin · *hofmeisterstauder.de*

Druck und Bindung
Beltz Grafische Betriebe GmbH,
Bad Langensalza

Printed in Germany